自建家屋、鄉間育兒、老屋創業、滋養創作生命、
與自然山林為伍等17則移居先行者的故事

我們，為什麼移居他方？

LIVE DIFFERENTLY

裏路編輯部 編製

CONTENTS

下一站，幸福嗎？

小時候我有很多不得不移居的經驗，隨著家人到了香港、澳門、北京。那時候是為了謀生，移居是順著工作移動。第一次依照個人意志的移居，是三十多歲，從桃園搬到台南。選擇台南的原因，是因為「那邊的生活感覺不賴」，房租便宜，生活機能好，整個城市給人一種怡然自得的感覺。這是我想要的生活，我帶著城市裡累積的技能到台南開店。

後來我半遷居到長濱，開闊山海之間的小鎮街上，與都市的塵囂保持適當的距離。我貪求兩種生活，以數位游牧的工作型態，擺盪在台南與長濱之間。如果問我為何移居，無論是被迫或是自主，答案都是「嚮往更理想的生活」。人會變，理想生活的樣貌會變，環境跟不上時，就得啟程往下一個地方去。

《我們，為什麼移居他方？》書裡，提供了十七款理想生活的樣貌。每一款都是一個獨立的世界，有自己運作的邏輯。我建議你不要貿然將自己套入情境，先試著從中找尋適合用來餵養自己「移動之心」的養分。看到「想搬到看得到海的地方」時，心有猛跳兩下嗎？看到書中人被家長說「是不是沒有毅力？沒能待在一個地方？」時，會不會嘴巴忍不住發出：「哪有！」的抗辯。

接著要提防自己不要輕易被「屋子外被螢火蟲包圍！」或「溪水聲和貓咪們的磨蹭和低吟」這樣的情境誘惑。不要忽略必須面對蟲蛇共處的窘境，或是小村鎮裡過於緊密的人際關係。順著他們的告白，思索他們何以甘願的理由與面對新生活的融合之道。

什麼時候該啟程呢？（對，身為海洋民族。我們就是該隨時準備出發！）有時候不需要理由。就像書裡頭的阿動，有天正在蓋房子的屋頂時，心裡突然冒出「我好像還是比較喜歡拍照」的聲音，那就是往下一站去的時候到了。

——台東長濱「書粥」書店創辦人 高耀威

在「非得如此」的「之外」

移居的正面是前往，背面是離開。閱讀《我們，為什麼移居他方？》，他方是前進的動力，卻也是「分手的決心」。告別曾經努力過的經營，告訴自己無論好的壞的，現在這些先不要，我要的是：其他。

人生前半段，用來習得社會常規與安全路徑，該做什麼不做什麼，辨識自己如何符合標準，精進成就與收入。都是那麼難的事，因此特別容易讓人目不轉睛，把眼前的路看成唯一。有一些時刻似乎感覺到訣竅，但有一些時刻，想起小時候聽老人言，有句「忍字心上一把刀」，辭典釋義：再怎麼痛苦也得忍下來。

記得童年自己曾想：這句話看起來好痛。沒想到自己也長成了很能忍耐的人，而且身邊聊聊，發現大家對於忍耐竟然都是那麼熟悉的，忍到各有專精。也明白了，真正的忍並不痛，因為心會把痛苦變成常態，並且視為「非得如此」。

移居他方並不是絕對的解方，但在其中，看見他們展開另一段學習的路徑。

我羨慕那種彷彿再次誕生自我式的學習。跳脫前半生的慣性，移居人們變化出另一種、兩種，或多種使用自己的身體與才能的方法。沿著每個人獨一無二的需求與能力，生活為他們量身打造進修課程。也許，這就是移居生活真正令人羨慕的地方：不只是山海，不只是自由，還有重新發明自己的可能。

每個人移居的故事與心境雖有不同，卻都在探索社會決定好的樣子「之外」。薪水之外，成就之外，現有選項之外……「之外」是一種生命的遼闊視野，為「非得如此」的預設道路帶來「總有選擇」的信心。這也許是忍耐無法學會的事。

——《BIOS monthly》前總編輯 溫若涵

每個人都能找到適合自己的土地

移居台灣一轉眼已經十三年了。沒想到再過五年左右，我將在台灣度過人生的三分之一。

根據這本書的分類，我符合「不換工作，也可以移居」的情況。

在移居台灣之前，我曾擔任雜誌和網路媒體的編輯，當初認為這份工作是天職。在移居三年前的２００８年，日本版的Twitter（現改名為「X」）問世，日本開始銷售iPhone，我被指派為媒體社群的負責人，以及智能手機App的開發總監。這都是公司首次嘗試，我也學到了不少，但我認為在日本有很多擁有這類工作技能的編輯。但是再加上「台灣」時，擁有相似技能的人就會突然減少。即使不依賴媒體，我也能夠發布自己認為重要的主題，我也有機會與在日本難以遇見的人一起合作。原來技能是工作、生活、興趣，全部都可跨界，作為一個專業人士的價值就會因此產生。

另一個收穫是「操作系統」——當我學會一點點台灣華語，接觸到台灣人的想法時，內心也漸漸地建立起台灣式操作系統。我現在能夠以更多角度來看待事物，這是在日本生活時所無法做到的事情，現在對我的工作和生活都非常有幫助。

最後，最大的收穫是從束縛中解放出來。

我過去曾經在台灣作為單親媽媽生活了大約六年。如果我在日本，可以獲得各種政府補助，但我選擇在台灣生活。因為在台灣，不需要像在日本那樣被要求「不要造成別人的麻煩」或者「女人必須全力支持男人」、「需要與大家保持一致性」。

現在被稱為「風之時代」，能夠不被金錢與土地所拘束，自由地追逐自我想要追尋的事物。確實，我也感受到，將自己放在追風之處，能給我帶來這麼多的幸福。

無論是什麼原因，只有主動行動的人才能獲得奇蹟。希望台灣的大家都能透過移居來遇到許多美好的緣分。

——《我成為台灣歐巴醬的修練之路》作者、
探險型移居者　近藤弥生子

CHAPTER 0
移居！
從這裡開始

插畫©Jojo Chiu

5.面對生活中的突發狀況，第一反應是？

A. 相信自己有能力克服。

B. 盡可能制定應對計劃減少不確定性。

C. 有些焦慮，但不會逃避。

D. 會與親友商量，尋求建議和支持。

6.在新環境裡建立社交圈的態度是？

A. 積極主動，喜歡參加各種聚會。

B. 保持低調，先觀察一陣子。

C. 有些羞怯，不太善於主動交朋友。

D. 可以自在地與鄰里建立友好關係。

7.對嘗試新料理和不同的飲食文化，我的心態是？

A. 入鄉隨俗，不帶成見地嘗試當地的特色美食。

B. 淺嚐即可。

C. 需要一些時間去適應。

D. 非常享受於探索新飲食的過程。

8.對你而言，家庭、事業和個人生活的比重？

A. 試著在工作和生活間找到平衡。

B. 較為傾向於事業的成就和發展。

C. 喜歡隨心所欲、自由自在地生活。

D. 家庭最重要，重視與家人間的相處。

探索你的移居型態！
psychological test

移居是一段了解自己的旅程，
請根據你真實的感受
選出最為相符的答案，
Let's Go ～

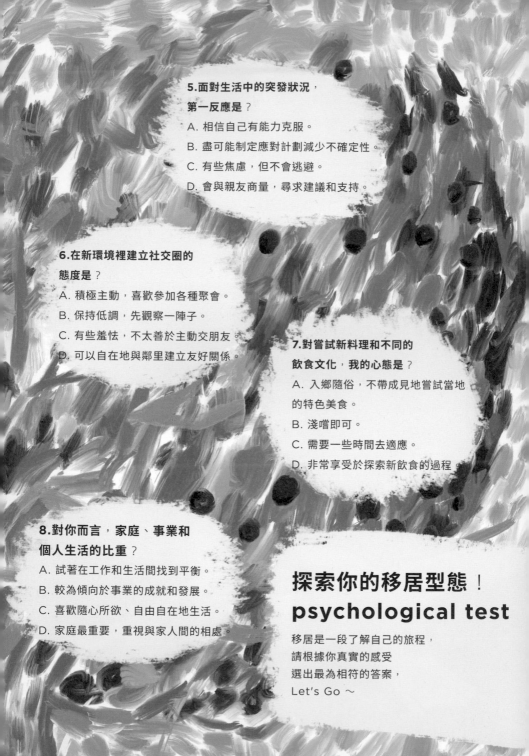

1.當我想到移居，內心的感覺是？

A. 充滿探險精神，渴望新的挑戰。

B. 希望先做好計劃再前往新環境。

C. 憧憬著未知新事物，充滿好奇心。

D. 期待能認識新朋友，開啟新機會。

2.進入新的人生階段，需要與家人分開時，我會？

A. 坦然接受，這是個人成長的一部分。

B. 感到不安，希望生活在同一縣市。

C. 有點不捨和膽怯，但會試著獨立。

D. 會積極維持與家人的聯繫。

3.對新的工作機會和職業發展感興趣嗎？

A. 是的，希望找到更多新的職業機會。

B. 不是很感興趣，更喜歡在熟悉的工作環境中穩定發展。

C. 順其自然，有機會發展就順勢而行。

D. 有，想看看自己更多的可能性。

4.在新地方適應生活時，我對於當地文化的接受度是？

A. 會適當地參與當地的節日和活動。

B. 希望能保留自己的習慣和做法，但也願意尊重當地的風俗文化。

C. 會保持原有的生活方式，不太想改變。

D. 非常開放，願意學習和融入當地。

插畫 © 傅文豪

Explorer

插畫©傅文豪

請根據自己的回答，記錄A、B、C、D哪一個選項的數量最多：

大多數選擇A

你是 探險型 移居者

移居對於你來說可能是一場充滿刺激和新鮮感的冒險！

特點：

- 充滿挑戰精神，喜歡冒險和探索未知的領域。
- 具有開放的心態，對於新的環境和文化充滿好奇心，願意接受不確定性。
- 擁有解決問題的能力和勇氣，相信自己可以克服各種挑戰。

適合的移居方式：

- 移居過程中會更加著重於探索和體驗當地文化和自然環境。
- 可以嘗試挑戰性較大的地方移居，如文化差異較大之處。
- 也可試試看自給自足或是在較自然原始的環境下生活。

大多數選擇B

你是**策劃型**移居者

移居對於你來說是一段需要仔細規劃和準備的過程。

特點：

- 不管做什麼決定，都會先做足功課，推敲思考各種選項可能帶來的結果。
- 面對未知環境或不熟悉的文化時總感到不安，依賴計劃和事前準備來應對。
- 擅長安排和管理自己的生活，能在新環境中快速建立穩定的基礎。

適合的移居方式：

- 先透過各種資訊和計劃來評估適合的移居地點，可多方參考移居經驗者的分享。以網路資訊平台蒐集當地的第一手資訊如工作、住宿、生活所需後，最好也到當地實際試居或參加工作營。
- 可選擇一些比較安定、挑戰性相對較低的移居地點，例如衛星城市或者有發展潛力的地區。

插畫©傅文豪

插畫©傅文豪

大多數選擇C

你是 憧憬型 移居者

移居對於你來說是一股開啟人生新篇章的巨大動能！

特點：

● 對於新的生活充滿想像和期待，但較缺乏更進一步採取行動的動力。

● 遇到突發事件需判斷是否繼續前進時，比起經驗法則更依賴內心感受與直覺。

● 喜歡探索新的文化和生活方式，但需要更多的時間來慢慢適應和融入新環境。

適合的移居方式：

● 選擇移居地點或住處時，在參考他人建議的同時，也要相信地方、空間帶給自己的感受與第一直覺。

● 適合移居至對於外來移居者熱情友善、接受度大（較不排外）的社區，或是已經有部分移居者社群的地方。

● 規劃移居時，請給自己多一點緩衝空間來適應新生活和建立起自己的社交圈。

大多數選擇D

你是社交型移居者

移居對於你來說是一個擴展生活圈、尋找人生舞台的方式。

特點：

- 喜歡與人交往，善於與不同背景的人對話交流，能迅速融入地方。
- 天生具有良好的溝通能力與親和力，能在關鍵時刻發揮自身影響力。

適合的移居方式：

- 盡快熟悉當地的社交圈對於你而言可能是最重要的，移居前可先透過社群團體或線上活動，建立起在地人際網絡。
- 適合選擇人口較密集、社交活動豐富的地方移居，例如社區型住宅區、學區，或是大膽地創立起新社群，為地方注入活水。

插畫 © 傅文豪

不論你是哪一類移居者，這份心理測驗僅能透露出部分的你。
如果對移居與新生活感到心動，已經開始思考相關問題，但還不完全了解自己真正適合或想要的是什麼，而感到有些卻步，請繼續保持探索和釐清，
最重要的是，踏出第一步，讓我們開始這趟移居之旅吧！

讓土地的能量滋養我們創作、前進

在移居開始的路上，不是每個人都能抱持著明確的目標前行，
沒有關係，不妨試著慢下來，跟著腳下的土地呼吸吐納，
讓平實的生活滋養內心，
慢慢地，會找到能做的事、想做的事，
原來這麼多，這麼有趣。

不要忘記，

無論遇到什麼困境，我們永遠都有選擇。

——CASE 02 聽聽遵循內心的聲音搬到三仙台的故事

插畫 © 傅文豪

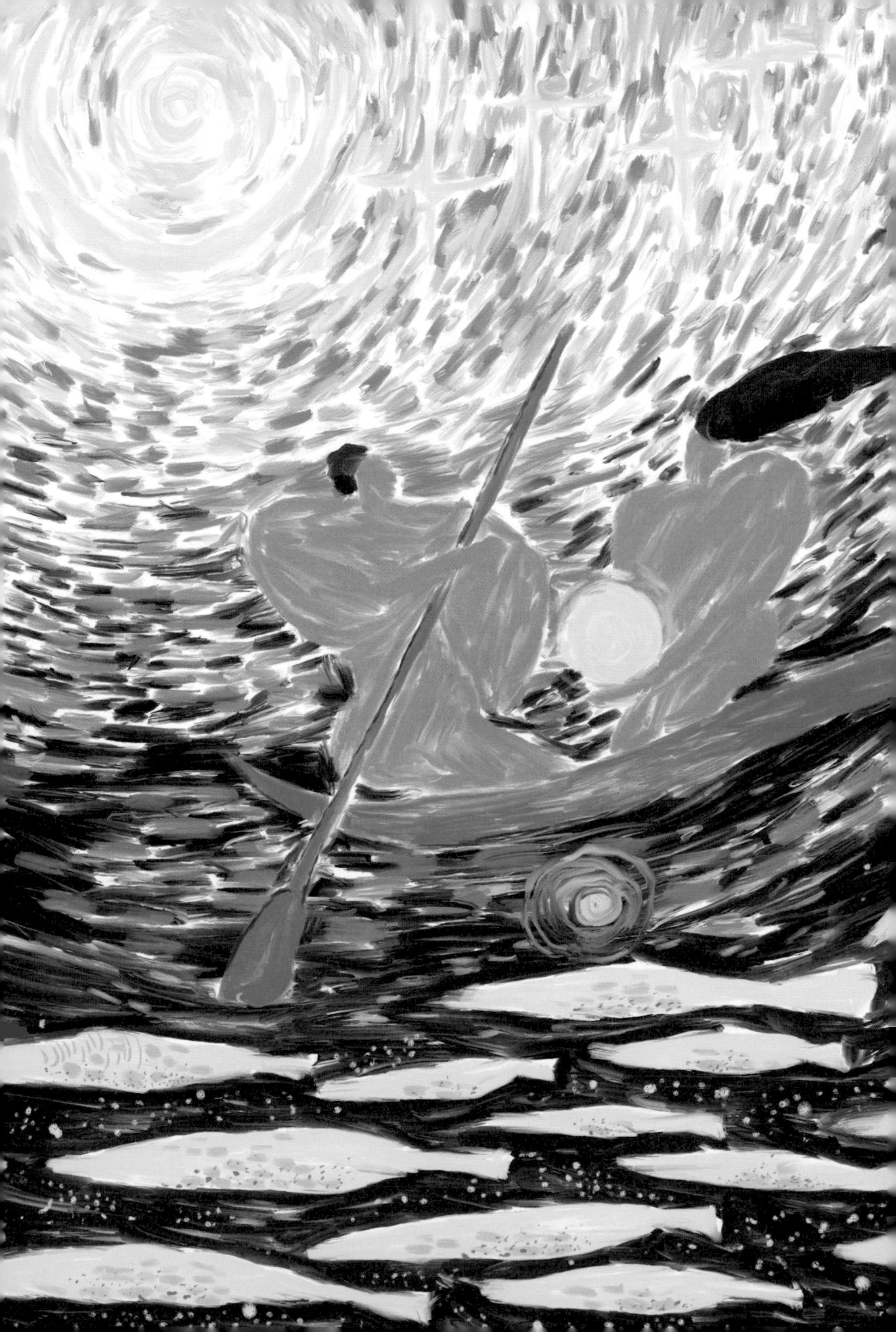

終有一天，我們能依自由意志而活

移居的動心起念可能有百百種，
因為喜歡，因為不喜歡；因為不滿足，因為滿足。
當你越清楚心之嚮往，
就能明白選擇移居，
是為了前往一個更能實現自我的地方。

才明白原來夢想的生活和工作模式可以在青壯年階段被實現。
過去的遷居，是為了追尋某種生活狀態，
未來若要再搬遷，就會是保護這樣的狀態，因為我已經找到了。

——CASE 06 文萱在河岸邊老屋開咖啡店的故事

插畫©傅文豪

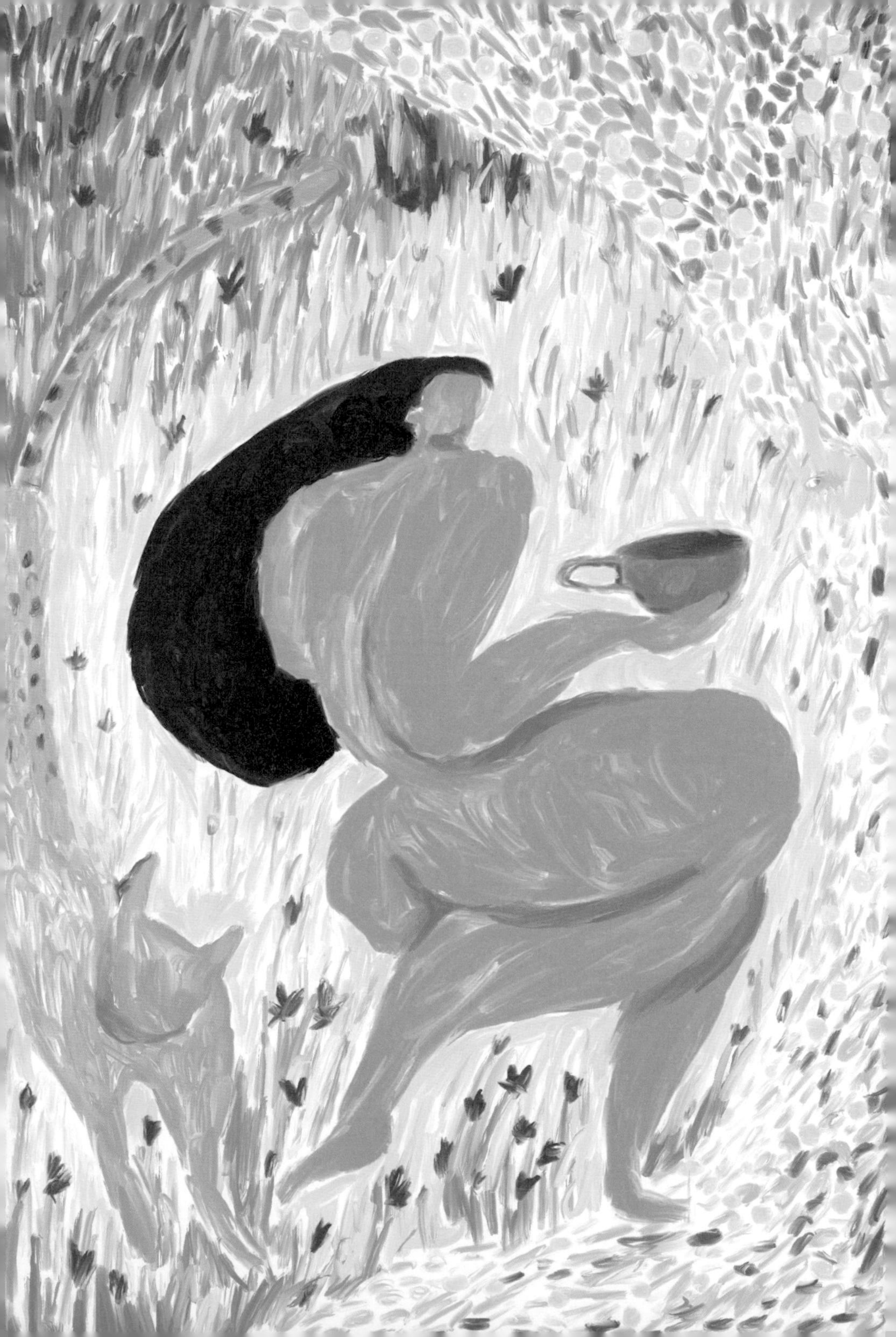

CHAPTER 1
不換工作，
也可以移居

。滋養創作。

。遠距工作。

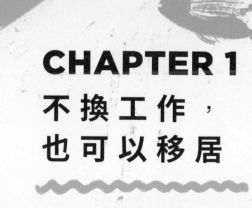

插畫©Jojo Chiu

創作之餘，保有舒適距離的慢熟生活

泰瑞&侯米

文字—孫維利
攝影—Jimmy Yang

CASE 01
桃園市區→新竹橫山

在新竹橫山鄉山坡上，有一幢隱藏在梯田間的水泥矮房，這區客家庄少有新移民入住，泰瑞與侯米恰巧在疫情前夕，將「拾耒」木作工作室遷移至此。平房空間規劃成木作工作場域、剩下的才是剛剛好的生活起居空間。兩人本著都市魂在此低調、保持友善距離的生活著，卻也在各種機緣下，慢慢建立自己與聚落間慢熟的新移居生活。

一進屋就是兩人各自的工作桌，以及機具。

泰瑞 & 侯米

各地遷徙，目前落腳在新竹山邊，生活哲學與品牌「拾未」相呼應，意味順其自然的生活，撿拾未來；目前進入移居此地的第五年，品牌正穩健成長中。

我們是從這裡開始的……

告白時間：2022年5月17日

泰瑞：我是台南人，沒住多久就搬到北港、雲林，後來因為媽媽娘家、以及求學原因到了花蓮。高中後媽媽把我送去中美洲的貝里斯寄託給姨丈，沒想到我讀一讀就不想念了，姨丈就跟我說，那你要到我這木工廠工作嗎？我就說好。姨丈領我進門，從那時候就打下木工基礎，回台灣後就到台北教育大學念藝術系，畢業後有到家具工廠工作過。

侯米：我之前念舞台設計，做過舞台劇演員和舞台設計，所以對使用工具和木作並不陌生，但真正接觸到大型的木料製作是在2016年到台南六甲「農家院子」協力蓋屋工作坊的時候，我們也是在那邊認識。會從舞台設計轉到家具木作，起因是我第一次蕁麻疹發作。那時期我還有進行其他創作、也申請政府補助案，突然身體出了狀況，藥也壓不下來，於是我想要轉換另一種生活，應該說，可以有另一種形式做創作、但是同時間我更想經營生活。只是現在對我來說還在練基礎功，創作能運用的技能還有限，談創作還有一點早。

泰瑞：當時我們參加台南「農家院子」的協力蓋屋工作坊，有許多老師傅來教石灰、

實際移居後，兩人才發現一開始對於半農半創作生活的嚮往，並不適合自己。因為木作已是相當吃重的體力活，沒有餘力再照顧菜園。

泥磚、土磚、竹編牆等材料，每一種都做一點當作練習，累積我們對蓋房子的一些基礎認識。

侯米：其實我們有一點被動式移居。因為當時家人剛生寶寶，我們每天開機具的聲音和震動都會影響到他們，我們曾

Q · 開啟或結束每一天的儀式感？

A · 開啟每一天的儀式感，是用簡單好吃的麵包搭配泰瑞的手沖咖啡。如果正好剛結束一個工作期程，心情較放鬆而且時間充裕，侯米會準備一頓較豐盛的早餐，一起花較長的時間慢慢吃。

What rituals do you have to start or end each day?

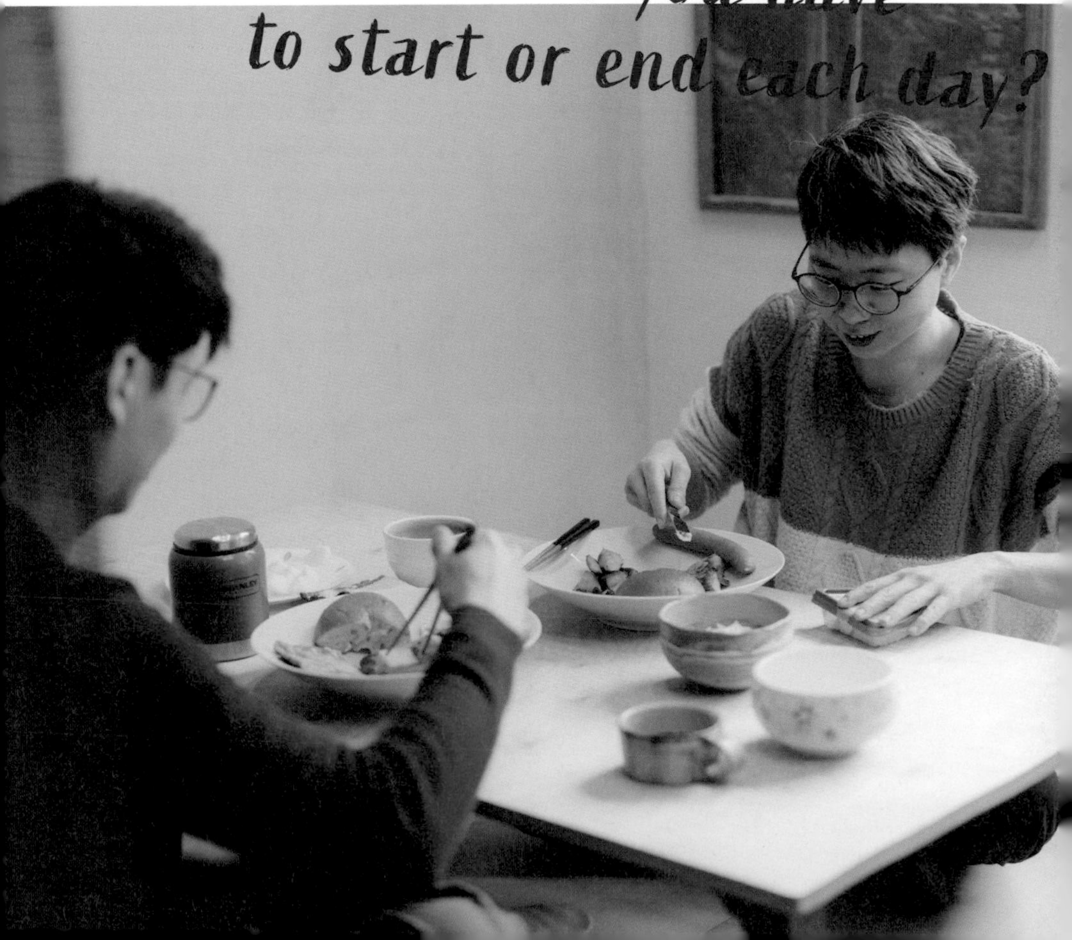

兩人的愛貓翼豆。

What object around you brings you the most comfort?

Q・身邊只要有哪樣東西存在，會令你感到安心？

A・我們的貓成員，健康地在身邊生活。

考慮移居台東或花蓮的可能，只是東部和西部的距離、環境差異極大，西部對我們來說比較有安全感，再加上決定的很匆忙、完全沒有緩衝期的預備金，最後決定還西部，我們瘋狂到處看，找到這裡也滿機緣的。

泰瑞：我們甚至還有到桃園青埔看小坪數工廠，才發現是違建，房仲說可能會有被舉報的風險，但要承租者自行承擔損失……。

侯米：我們不只是單純看住家空間、而是要思考工作場域，跟一般的移居者有很大不同。等於是木作空間先決，最後才是自己的生活。我們原本的預算並不高，隨著到處看房慢慢往上調……，但比較偏遠或需要花很多金額、大整修的建物也不適合，還是希望以工作為考量、將所有生活需求壓到最低，住的最純粹，能煮飯、洗澡就好。

泰瑞：最後是透過「建築公社」的朋友，得知現所在工作室的出租訊息。

侯米：用低於預算的金額承租到這裡，又不是位在廠房環境，有時候坐在這裡，就會突然覺得說，真是滿幸運的！

泰瑞：但因為這房子有兩、三年沒有人住，一開始要大整理。像是牆壁應該有被植物的根系撐開有了縫隙，只要下雨就會漏水，很不好處理、得重新檢查頂樓漏水問題，但因為是暫時性住所，所以就先刷油漆解決。

侯米：這房子滿好的地方就是什麼裝潢都沒有，超適合我們，也沒有想像中的潮濕。只是新竹的風真的很大，去新竹市區出市集時，風大到木盤都被吹起來，泰瑞氣到想回家。搬過來的這兩年沒有經歷到颱風，多少有一點擔心。至於氣溫嘛，因為後面有梯田的關係，夏天這廚房的空間還滿涼的，但上面直晒的太陽還是會影響熱度，之前我們還會特別去放簡單的黑網降溫。

泰瑞：我們也用了很多之前蒐集的舊木料來改造空間，空間第一進是我們兩人各自的工作桌、牆面上擺放我們順手好拿的木作工具，還有木料和機具，再往內還是機具，最後尾端才是我們的生活起居空間。

侯米：其實做好黑色格柵門，算是我們搬過來後的大事件。原本我們家前面是在地居民生活和健行的必經之地，當時我們整理房子，常會有人走

過來問我們在幹嘛、或是騎車停下來，一句話也不說地看著我們在做事。當初在做隔柵門時，曾收到部分鄰居的反對聲音，所以剛做完後心理壓力還滿大的，不過鄰居似乎很快就習慣，改成使用附近的別條替代道路，算是虛驚一場。

泰瑞：他們也會好奇我們在幹嘛，我們說在做木作，有些人對木作相對了解，會看一下我們有什麼機具。

侯米：一開始還滿不習慣這種人際之間的距離，我們還是兩個都市人，只是比較能在鄉下這種場域生活，都市人會覺得每個人有一個安全距離比較舒服，有一段時間我們都是小心翼翼地生活。在還沒做隔柵門時，會比較沒有安全感。

我們會跟隔壁鄰居阿姨買蘆筍，她總會熱情的多送一些菜意思一下，開始有打交道的機會。住對面的鄰居也會送我們

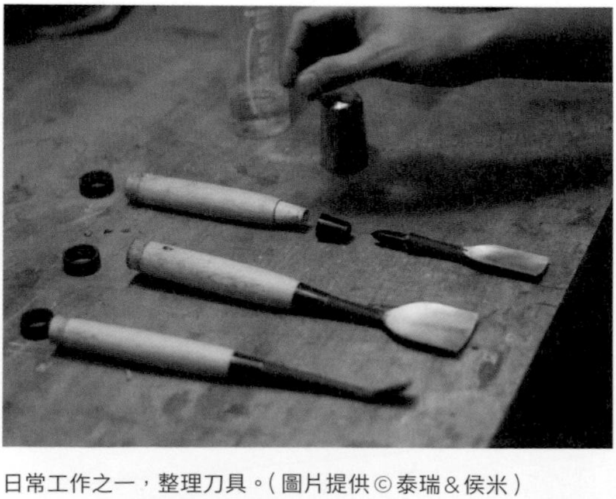

日常工作之一，整理刀具。（圖片提供©泰瑞＆侯米）

菜，我們想要禮尚往來，但他們什麼菜都有了，反倒是回送木屑還比較受歡迎，因為可以拿來給雞洗木屑浴、種菜上面也可以放一些。

泰瑞：我們也有試著種菜過。曾參加樸門永續設計的共讀，思考如何因地制宜。房子的下方是一百坪的田地，我們當初灌溉水管都買好、苗種也買齊，但因為灌溉水的來源和系統都沒建置完成，後來除了洛神和芋頭還活著，其他菜都死了。因為我們是全職木工，已經需要大量勞動，一大片的菜園照顧起來也需要體力，所以無法兼顧。

侯米：想到最初研究戶外水龍頭是用池塘水還是山泉水也花了一番功夫。因為這邊的人會接山泉水使用，如果種菜接山泉水比較方便，但我們不確定會不會在這邊久住，而且剛來的時候也不太認識鄰居，不曉得跟哪個鄰居共用山泉水管路比較合適，所以現在只有使用在地的簡易式過濾自來水。

現在下面的田地有給一位鄰居來種，我們會用木屑或一些木料，和她交換茄子、絲瓜、南瓜……，大家互相交換物資。回想起來，我們剛來時，對生活有很多想像，像是柴

燒煮飯、或是像現在的柴燒洗澡，但是柴燒的現實是要等一陣子才有熱水。

泰瑞：其實柴燒生火不難，但一直還沒時間搭建雨遮，下雨淋雨很狼狽……。

侯米：記得剛開始生火生很久，鄰居還走過來說，啊還沒有升起來喔，你們趕快去買電熱水器！後來我們也依據樸門的方式進行一些嘗試，像養鶴鶉後來也沒有再進行，當初鶴鶉住處設計沒有很完善，每次換木屑都要把牠們抓出來放到桶子裡，牠們有的會趁亂頭也不回地飛逃。因為租約沒有很長，空間的改造規劃和修繕就會有所限制，加上工作室正在累積階段，就沒辦法有餘裕照顧好菜和鶴鶉。

Q・移居過程中，曾捨棄掉哪個最捨不得的物件？

A・書。因為要盡量把空間都優先給工作所需的機器設備或倉儲使用，所以個人用品的部分必須盡量精簡。

What was the most difficult item to part with?

工作桌上整齊擺放著各類木作工具。

在鄉下每個人的生活形態不一樣，曾看過一本書《半農半創作，悠悠晃晃的每一天》，書裡從事手工藝創作的日本夫妻什麼事情都親力親為，覺得那樣的生活很不錯，但每個人會遇到的現實挑戰不同，每個人的心性也不同，像我們種過菜、養過鵪鶉，就知道我們現階段做不到。但之前並不會有這樣的認知，後來覺得就是持續嘗試，調整成適合我們現在能力可及的方式就好了。之前可能是我對自己的認知錯誤，現在就只想顧好翼豆這一隻貓就好（笑）。

侯米：現在的生活沒辦法到完全規律，工作大小事都得討論，要出哪個市集、回客戶信件、設計討論……，通常會弄到很晚。以兩人分工來說，我們會一起討論設計大方向、但在實際設計木作結構和計算成本時會由泰瑞來，我擅長統籌規劃製程、文案與客戶接洽等。誰擅長什麼、就先來做。經濟方面在搬過來後也更穩定了。可能是公司已經成立五年，再加上機器種類隨著空間越換越大就變得更齊全，能做的品項和設計就更多元。

泰瑞：未來的話，還是期待能擁有屬於我們自己可以全權運用的空間，希望放機具的空間再大一點、也可以有展示完成品的空間。不用租屋的話，

Q・現在居住的地方，哪一個角落或場域令你感到最放鬆？

A・工作累的時候，看看工作室外周遭的山景、鄰居種的菜園，或晚上看到廣闊的天空。

至少心情上會再安穩點，畢竟一搬家，除了家當，要打包重型機器、木料和許多工具，工程實在浩大。

其實搬來後也陸續認識了一些朋友，像是朋友野小毛，她帶領我們走入森林學習辨認植物，後來也和我們合作一系列植物標本集的作品，這附近還有一個正昌製材廠，有很多台灣木材、造林木與烘乾設備，我們許多作品所使用的國產材都來自那，要挑選或購買原木料非常方便；另外在地連結還有剛剛提到的北埔的建築公社，他們除了蓋木屋之外，也有到國小推廣台灣木材教育和木作課、鑽研北埔在地樹種等，有時候還會分享木料給我們測試使用……。除了認識新朋友外，搬來後很常聽到大冠鷲、領角鴞的鳴叫聲，也在工作室門口遇過兩次穿山甲，夜晚抬頭能看到一大片星空，其實很珍惜能在靠近自然的地方生活。

日常工作記錄。（圖片提供© 泰瑞＆侯米）

實踐移居多年後的他們……

採訪時間：2024年3月19日

睽違兩年，我們再度造訪拾未的泰瑞與侯米，他們依舊住在先前山邊的平房，只是感覺更加忙碌了。疫情過後，兩人積極參加市集，在各城市中與不同人相遇、產生漣漪、親自介紹「拾未」品牌，無形中也多了更多合作、聯名的機會；像是前年在台中一間藝廊暨選物空間「ZASSO草也」舉辦個展後，增加了藝術創作者主動聯繫、下訂畫框。去年在市集上則遇到一間專門介紹來自法國物品的選品店，邀約聯名推出木食器，這一連串的聯名合作讓兩人更加繁忙。

橫向與縱向同步加深發展

「跑市集是現階段創業必要的，透過持續曝光和親自介紹可以接觸到第一線的客人。因為我們比較多製作上的視角思考，客人的使用反饋可以讓作品更好。」每次載著滿滿一車的木製作品到市集，笑稱在市集中就可以看到最齊全的木作系列與品項：食器、日常用品、生活小物等，問起之前企盼將工作室挪出一小空間做展示區的願望，侯米笑著說，空間受限早已放棄這樣的念頭，反倒是希望未來可以拓展更多通路寄售。

去年最令他們感到興奮的，就是到日本三木市參觀製作木工手工具的工房，近身欣賞職人細膩製作出的刨刀、鑿刀和鋸子等，也是長年在德國生活的侯米第一次到日本，她難掩興奮地說：「這些產業在日本雖然也漸漸式微，但相較於台灣，日本還是有一批人願意製作。」而同樣是在去年九月底意外地有機會再度踏上日本，則是去參加日本四國的工藝市集交流觀摩，「透過一面之緣的台灣藝術家引薦受邀參加，剛好拾未品牌的特色呼應四國特有的森林資源，我們成為台灣唯一受邀單位，覺得真的是太幸運了。」此次他們看到日本各領域的創作者及靈感，帶來滿滿的啟發與衝擊，「很希望未來可以有更多機會到日本參訪、展覽、交流。」

2022年於「ZASSO草也」舉辦個展「覓」。（圖片提供©泰瑞&侯米）

聊到這兩年的生活，兩人的工作分配及工作流程沒有太大的改變，「唯一小小的變化，就是我開始動手創作了。」侯米說。先前總忙於消化訂單，無暇思考創作，卻因2022年九月舉辦個展開始嘗試工藝製作之外、多些非實用機能型的作品，「可能因為有發表的時間與空間，督促我做這件事情；後來參加其他空間聯展，也做了一系列創作型的作品。」他們認為，工藝關乎使用上的細節，創作則多了更多的自由，透過個展的思考，「未來我們也希望在工藝與創作之間找到混血平衡的可能。」

在快慢急緩之間，尋找最適當的節奏

雖然生活在鄉下，兩人節奏與速度仍維持城市的緊湊步調，「發現原本想像中的慢生活是幻想出來的；現在尋求的不是舒服的節奏，而是在有限時間、眾多想完成的事件中，如何在晃動的狀態下同時找到平衡與休息的緩衝。」去年，泰瑞身體也因為長期維持某一姿勢而發出警訊，兩人決定每週參加朋友的瑜伽課鍛鍊延展身體；與鄰里仍維持以往的慢熟、卻又多一點點令人莞爾的升溫。像是剛搬來時，總會對著一位路過的阿伯點頭、打招呼，阿伯只是看著並未回應，維持兩年之久，正當他們思考是不是要停止主動時，有天阿伯回應了、臉上也多了笑容，「現在倒垃圾遇到對街鄰居會小小聊天、談天氣，對在地人來說我們就像外來者，只是有一天，我猜他們可能習慣我們了，某種程度我們也融入了他們的生活。」屋前他們多種了兩棵植物——含笑與杜鵑，這是房東在植樹節時請他們去領的樹苗，也恰巧泰瑞的外婆名字就叫做含笑，工作時有這株植物相伴格外有意義。問起周邊生態上是否與剛搬來時有所不同？他們發現山羌、領角鴞的叫聲似乎變少了，已不復當初剛搬來時熱鬧。

因為添購機器設備、也不想再搬家，他們近期提早跟房東再續約三年，「我們非常喜歡這裡的生活機能、也很開心能擁有自己的空間：離市區近、卻又生活在山邊，外出工作、採買、出貨寄送都很便利。」當還在為事業努力的時期，承擔更龐大的壓力之下，能夠走出工作室，一眼就看到遼闊的天地與遠山群樹、前方還有一小方庭院，所聞到、聽到、看到的都是一種舒適的狀態，大自然的一切讓他們瞬間脫離了塵世的時間感。「如果當初沒有做這樣的決定，現在的自己應該很不開心吧！」相反的，因為有了這些改變，他們的事業也邁入了新的階段。

受邀參加日本四國道後溫泉藝術中的工藝市集。（圖片提供© 泰瑞＆侯米）

泰瑞 & 侯米的移居前後

DATABASE

	移居前		移居後
居住地	桃園市區。	→	新竹橫山。
家庭結構	2人（情侶）。	→	2人（夫妻）+貓。
住處	獨棟租屋， 承租一層樓層。	→	租屋房舍及前方小庭院。
交通方式 & 移動範圍	開車。	→	開車。
工作模式 或 收入來源	經營拾未品牌。	→	經營拾未品牌，參與市集， 現在則多了更多與不同領域 合作及聯名的工作項目。
鄰里關係	因住在工廠區、 較無鄰里互動。	→	從最初的外來者， 到現在開始感受到被接受 與融入在地人的生活中。
興趣	無。	→	在後山山路散步、 觀察植物。

像海裡乘著流的魚，自在飛翔

聽聽

文字—聽聽（告白篇）、王巧惠（探訪篇）
攝影—李忠勳

CASE 02
南投名間→台東三仙台

從家鄉到求學、自創品牌，聽聽遷居的軌跡有如游牧民族，待過不少地方，從中摸索出工作與生活相互交融的可能。現在搬到離海很近的地方持續創作記錄，讓生活狀態最接近自我理想。還不確定這樣的生活方式會持續多久，但若能去傾聽內在每個冒出來的想法，放下恐懼，每個人都能像海裡乘著流的魚，像天上乘著風的飛鳥，自在飛翔。

只要置身於山海自然之間，就能讓聽聽感到自在放鬆。

聽聽

嚮往在大自然裡生活、創作，但目前海多一點點，所以搬來台東。擁有一個布作品牌「每天」，喜愛透過布的堆疊創作，分享台灣山海美麗的瞬間。熱愛自由潛水，在海裡腦袋很空，身體很鬆，心會變得透澈。

我是從這裡開始的……

告白時間：2022年11月30日

小時候常聽外婆說她年輕時，到裁縫師傅那邊學習製作西裝的故事，學成後在自己家裡開店面，接西裝訂製與服裝修改，所以各類的布、布床、布剪、車縫機、粉土、皮尺等縫紉用具都是我在外婆家的記憶。不知是否因為如此，對布總有著特別的偏好，無論是在學生時期布置教室選擇的材料、平常要完成的美勞作品，或是大學就讀服裝相關科系，都和布料有關。每當走進布行與裁縫材料店時，我總會想起外婆家，也有著這些熟悉的氣味與工具。

大學四年級時，同學們會利用畢業製作之餘的時間打工，那時的我想著除了打工之外，還有什麼是可以賺錢但又有趣的呢？剛好看到高雄的大港開唱在徵招市集攤位，直覺想嘗試看看，但製作衣服去販售實在太費工，不然就從布包開始好了，填好報名表後馬上去布莊挑喜歡的布開始製作。那次的市集反應很好，開啟我的擺攤人生，雖然那時與現在的創作風格很不一樣，也做了許多改變，但我依舊很喜歡市集裡的獨有氛圍。

會有目前的創作方式是第一次到台東擺攤結束後，到海邊看海，回台北時依舊想念著台東的那片海，當時想著如果

從布包到布畫的創作，海洋給予聽聽最深的滋養，成為她的靈感來源。

把心中的那片海做成包包，每天陪伴著我，或許思念可以得到緩解，才開始有了這樣的創作模式——將看過的風景，美好的瞬間，利用布的堆疊，做成自己想要的樣子，包包陪伴人，布畫陪伴空間裡生活的人事物。

Q · 移居之後，有新喜歡上的食物、食材或料理嗎？

A · 康普茶。之前喝過「共農共食」的康普茶，因為太喜歡就去上他們的課程，學會了自己發酵康普茶，所以現在每天都有源源不絕的康普茶可以喝，很開心。

Have you discovered any new favorite foods or dishes?

What object around you brings you the most comfort?

Q · 身邊只要有哪樣東西存在，會令你感到安心？

A · 瑜伽。當我有任何壓力、焦慮時，我習慣藉由做瑜伽找回穩定的呼吸，釋放身體的緊繃。

爸爸總說我是游牧民族，2021年移居台東前我也待過許多地方。2013年大學畢業後我先到台北居住，當時單純覺得台北市集活動多，工作機會多，各種材料購買方便也相對較便宜，各類藝文資訊豐富。剛開始覺得一切都很新鮮，但生活久了發現台北密集的建築與人群，還有快速的節奏似乎不太適合我，以及長時間需要待在室內的工作方式，時常令人感到窒息。為了有所排解，開始偶爾參加外縣市的市集活動。有次花東工作結束後，順便北上的小旅行來到花蓮石梯坪，偶然在海蒂朵兒經營的民宿咖啡廳與她相遇，那是一處面山背海的環境，在那裡的每一刻，全身細胞都被大自然的愛支持與滋潤著。

因緣際會，2015年我開始在此工作，這段經歷讓我了解到生活與創作可以如此緊密連結，工作與生活也能相互交融——一早可以到石梯坪海裡自在游泳，看看美麗的珊瑚與

When do you feel happiest or most free every day?

Q · 每天感到最快樂或最自由的時刻是？

A · 早晨為自己準備早餐是我覺得最快樂的時候，而去海裡游泳時感到非常自由。

魚群，再回店裡開店，用美麗的空間與咖啡迎接客人，閒暇時刻還可以繼續創作，傍晚再與狗狗瓦助散步到海邊，晚餐後躺在草地上看著滿天星。每天都充滿滿滿的感謝，我想這就是自己想要的生活，生活就該如此。

2017年因為想念家人，有意識地選擇與他們一起生活，藉由了解他們進而更明白自己，所以決定搬回南投家鄉。離開花蓮時非常不捨，但透過那段時光讓我知道自己喜愛什麼樣的生活方式。

直到2021年，移動的念頭又慢慢地升起。起初還沒決定要搬過來前，心中不時會有小小聲音提問：「要再搬回東部生活了嗎？」但沒有任何機緣認真思考這個提問。直到住在台東的朋友要更換居住地，問我想不想到台東生活，續租

他們目前的房子，彷彿心裡的話透過別人再次提問，我才開始認真想真的要移動嗎？喜歡海有需要搬到海邊住嗎？搬到外面住全部的支出我負擔得起嗎？家人其實也給予很大的自由，有需要搬出去嗎？想家人的時候怎麼辦？

經過了幾番掙扎後，我決定鼓起勇氣跟隨心中的聲音，「沒有好不好，只有想不想，願不願意為自己的渴望做出改變。想搬就搬，想家就回家，台灣開車再遠的地方一天之內都到得了，不用擔心。」不想讓自己一年後還在想要不要搬去看得到海的地方而躊躇煩惱，任何地方生活都會有需要面對的問題，至少做出不一樣

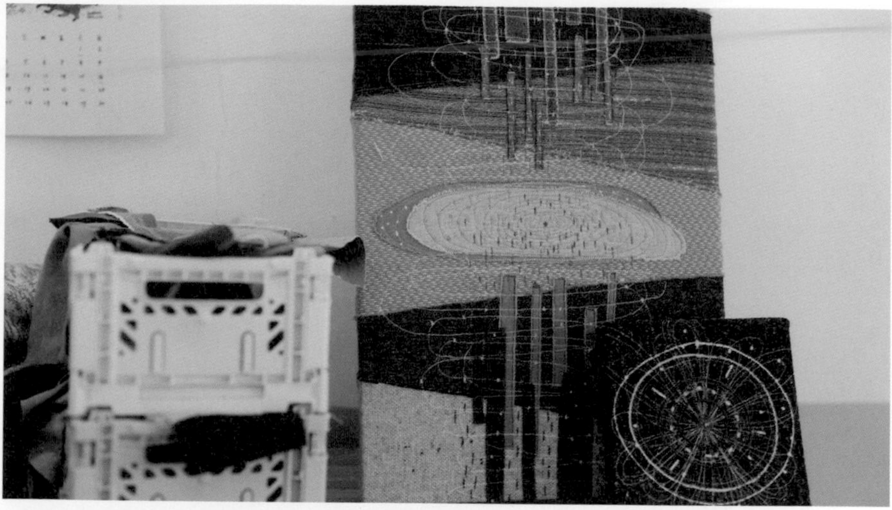

聽聽的大型布畫作品。

的選擇，就會有不一樣的事情發生，陪著自己一起期待與嘗試，就這樣我決定搬到台東的小馬部落。

這次的移居主要有兩個原因，其一是想要百分之百地與自己相處，不是女兒、手足或姑姑等身份，而是想完全以聽聽的身份生活，其二是我想繼續在看得到海的地方生活，更專心地投入創作。當我打包好行李，出發的前一天下午接到朋友來電，她說：「房東把房子賣掉了！房東也覺得很抱歉，說還是可以住在那邊兩個月，然後再找看看其他的房子。」當下我完全明白了什麼叫騎虎難下，難道還沒搬過去，考驗就已經來了嗎？我瞞著家人像是什麼事也沒發生般啟程，實際上心裡卻有著萬般複雜的情緒。

一個月後透過朋友介紹，找到另一間台11線旁的房子，空間相當寬敞，兩間透天厝連在一起，計畫著或許可以開店

好好運用這個空間，也想著在南投的家在馬路邊，車聲應該不會有太大影響，結果搬入後的第一天晚上就崩潰了⋯⋯。晚上和白天的車聲幾乎沒有停過，完全無法想像搬來台東要每天忍受車聲、住在沒辦法開窗的屋裡，但又陷入剛簽約就要退租是否不妥的苦惱中。當

每天花時間為自己用心烹飪料理，對聽聽而言是一種享受。

時朋友提醒我：「不要忘記，無論遇到什麼困境，我們永遠都有選擇。重要的是明白自己的想法，其他的事情都是小事，就算你要搬十次家，我們也會陪著你。」這段話彷彿幫我打了一劑強心針。

巧妙的是，隔天就收到另一位朋友的訊息，他在台東租屋社團裡看到有一間「寧靜小屋」要出租，房屋條件大多是先前我跟他提過的，當我邊想著要不要打電話約看房、邊走向陽台要去晒衣服時，在外頭的熱水器突然掉下來壓斷水管，水如湧泉般不停噴出，當下我明白了，不要壓抑自己的需求，馬上撥電話約好下午去看房。

直到2022年1月我才正式搬到目前居住的空間，是在部落裡的獨棟小平房，房子方正、大小剛好適合獨居，房東也把房子照顧得很好，很安靜，離海不遠，而且還是美麗的三仙台海邊。

經歷一路的波折，最後來到寧靜小屋，每一刻都在練習面對自己的心、需求與感覺，對於每個發生可以有許多面向去思考，而要留下什麼在心底、把自己帶往何處，所有的選擇權完全在於自己，別人無法代替決定與面對。我很感謝所有的發生與朋友的幫忙陪伴，回頭想想這樣孟母三遷的開場確實很台東，但終於可以展開在台東的獨居生活了。

因為之前有過花蓮生活的經驗，對於再次來到類似環境，生活起來實際上沒有太大落差，最不一樣的是這次我是一個人，是期待同時也是擔心的，不確定是否可以好好安妥自己的身心。幸好認識許多同為移居者的朋友，聽著他們分享每個不一樣的故事與生活方式，大家帶著自己的法寶在喜愛的地方活下去，跟我一樣，為了自己嚮往的生活來到異地努力著，讓我覺得並不孤單。

比起待在家裡，搬出來住確實有許多必要的支出，收入也有可能不比以往，除了依舊做著布包與布畫創作，參加台東在地的市集，增加東部的寄賣店家，有時會為前來東部的旅客或朋友，提供放鬆身體的「頌缽」服務。若朋友的咖啡廳人手不足需要支援時，我也會去，一方面讓自己的生活多元、認識更多不一樣的人，也可以增加收入，雖然更加忙碌，但卻是充實與開心的。

除了認真為生存努力，其餘的時間不是去山上走走、泡泡溫泉，就是去海裡游泳。想住在海邊，並不是想要整天泡在海裡，而是可以在每天工作前或結束後潛入海裡，在海裡自在地游水，就算只是短短的，身體就會很開心，很滿足平靜，身體是靈魂的家，所以靈魂也會跟著喜悅。今年夏天，與朋友談論的話題不是潛水就是潛水，忙完月光海市集後不是約好去綠島就是去蘭嶼。因此創作靈感也有如噴泉般降臨，有時豐沛到來不及記錄。

Q · 如果把移居的過程比喻成一首歌或一部電影，會是哪首歌或哪部電影？

A · 《魔女宅急便》。跟裡面的主角琪琪一樣，搬到了看得到海的地方，期待開始自己的新生活。

If immigration could
be compared to
a song or a movie,

自由潛游於海水中的聽聽，宛如回到水中的魚兒。（圖片提供 © 聽聽）

What rituals do you have to start or end each day?

Q・開啟或結束每一天的儀式感？

A・靜心、冥想、呼吸法、瑜伽是我開啟一天的方式，完成這些流程才會感覺自己真正醒過來了，祝福期待今天的發生。而睡前喜歡幫自己擦一些精油、按摩，感謝今天的自己。

十月搬來台東剛好滿一年，目前的生活狀態最接近理想——住在離海很近的地方，想游泳的時候有朋友能相約，上岸後還可以工作，許多好玩的市集可以參加。常被問到一個人住會感到孤單嗎？當然會有這樣的時候，但也覺得這很正常，重要的是如果可以練習陪伴孤單或其他情緒，感受當下，我想反而會更有力量吧！

圖片提供 © 聽聽

實踐移居多年後的她……

探訪時間：2024年3月1日

大規模的移動，是身在台東的人們必然面臨的消耗。作為「每天」的起點，聽聽依然喜歡在市集裡直面人群的互動，然而體力與社交能量終有極限。2023年開始，她有意識地減少出攤頻率，將創作重心轉向布畫，並以展覽形式呈現。

從市集到展覽，回歸純粹的觀賞體驗

「布畫是純粹的欣賞與感受，和我在大自然的體驗是比較接近的。」一思及攤位的陳列空間有限，布包的織品細節有限，布畫擁有更充足的畫面，足以具現枝微末節的感觸。如同沉浸於山海的當下，展覽在一個空間裡，僅有觀者和畫作無聲相對，最貼合她想要鋪陳的觀賞氛圍。

畫作帶著聽聽四處旅行，先是在台北展出《你們要去哪裡啊！》，取自和台東朋友的日常對話，也是她對大自然的恆常提問。她蒐集整個夏天遇到的顏色，拼貼成《這裡那裡，我們都在愛裡》，分別於台東成功與日本神戶展覽。猶記得第一場開幕的忐忑，不確定作品能否被看見，不確定能否以此營生。當布畫被人收藏，完成心中所想之餘達到收支平衡，形成正向循環，鼓舞她繼續創作想要被看見的美好。

不管去哪裡，山海都在那裡

移居台東第三年，聽聽逐漸長出順應時節的生活節奏。每到冬天，整個台東陷入半休眠狀態，她總會出走到其他地方；夏天的東部遊人如織，月光海音樂季、阿米斯音樂節……，一場場饗宴沿海岸線擺開，她在各大市集出沒，出攤同時也是朋友們的聚會。

在台東待下來的移居者個個身懷技藝，成為她生活與心靈的養分，「每個人放的重心不一樣，接觸的也不一樣，可以分享的也不一樣。」藝術家王冠東邀請一眾友人創作，她在月桃手編盒裡放進手作布包，組合成「山．海療癒禮盒」。朋友以蹦因為學習划船，感知航海與自身的阿美族血脈相連，邀請她一起出海並分享傳統知識，開啟她對南島文化的視野。

即使每天面對太平洋，聽聽仍感覺自己對海所知甚少。一次沿台11線車

圖片提供© 聽聽

行，剛看完紀錄片《男人與他的海》的她，在地理學家朋友的指認下，發現海面清晰可見的深藍色帶，其實就是黑潮。海不只是聽聽的創作母題，也是生活的場域。大海的美不會疲倦，每當她傍晚散步到三仙台，感受到山海一直都在那裡，就覺得安心。

去年夏天，她和同為創作者的「美好歲月」一家前往蘭嶼。原是為了自己熱愛的自由潛水，後來順勢在咖希部灣擺攤籌旅費。每個地方都有自己獨特的氛圍，在台東感受到的野性與生命力，到了蘭嶼更為濃烈，像是回到原初狀態。心變得敞開，讓彼此更加靠近。無論海裡或是山上，蘭嶼不斷觸動著她的感官，在這裡的一個月，創作靈感如浪湧來，每天都有很多想法，有的甚至來不及成形，只能暫且描繪下來。

生活不在他方，而在自己的心

寧靜小屋依然是她的避世所，在只有十幾戶人家的高台部落裡，靜靜地與太平洋遙相呼應。聽聽有時像是一座孤島，或許因為創作需要大量專注的時間，與鄰里保持平行的互動，令她感到自在。一個人創作，一個人生活，離海很近的日常，所有人都離自己很遠，要主動走出去，才有機會產生連結。「對我來說是很好的距離，不會有太漫無目的的聚會，聚會就是很專心地陪伴跟交流，之後又可以回到自己的空間繼續生活。」回想那段重返原生家庭的時光，家人間的摩擦難免，如今一個人生活的暢快感與想家的愁懷並存，她從眾多獨處時光中過濾出自己真實的心緒，發覺自己變得期待每一次和家人朋友相聚的時刻，也更珍惜人與人之間的關係。

獨居在鄉間，自炊成為常態，聽聽最近甚至覺得從煮飯得到的樂趣快要超越縫製布包。因為喜歡喝「共農共食」的康普茶，她向他們學習作法，同時迷上各種發酵食品，畢竟諸如味噌、鹽麴，這裡都能找到自家製的風土滋味。在台東生活的人們總有一套獨門的品味養成之道，各種天然食材、各式土法煉製的產品近在咫尺，或自行動手創造，或向鄰近的農家購買。房東是前輩移居者，不時分享自製酵母茶、食醋或酵素，生活因爲地方的滋養，自然而然變得豐盛起來。

像是漂流到某個長滿柔軟水草的島嶼而棲息於此，台東也不一定是她的最終歸宿，「最近我也在思考，除了創作以外，我還有沒有其他想做的事情，或是想分享的東西？」瑜伽或許是另一個想望，在體式裡調節每一處肌理，在靜心時覺察自我，聽聽從中感受到很多的愛，成為其創作本源。她想著或許未來可以找到更適合的空間，除了切分藝術創作與日常生活，也擁有分享瑜伽的區域。「如果可以看得到海，就更完美了。」聽聽的理想生活，畢竟離不開海。

圖片提供© 聽聽

聽聽的移居前後

DATABASE

	移居前		移居後
居住地	南投名間。	→	台東三仙台。
家庭結構	7人。(雙親、妹妹、哥哥、嫂嫂、侄子、姪女)	→	1人。
住處	透天自宅。	→	租屋(獨棟平房)。
交通方式 & 移動範圍	開車,多在南投移動,擺攤範圍爲北部、西部、南部。	→	開車,移動範圍以台東爲主,擺攤多在中南部,偶爾會到北部。
工作模式 或 收入來源	布藝創作者,自創品牌「每天」,擺攤爲主要銷售模式。	→	布藝創作者,自創品牌「每天」,重心轉移至布畫展覽。
鄰里關係	周邊鄰居約三、四戶,都是看著自己長大的長輩。	→	多爲點頭之交,有時會一起餵貓。
興趣	潛水、瑜伽、散步。	→	潛水(因想要潛水搬來台東)、瑜伽、散步。

只要人對了，到哪裡都是最適合生活的地方

Ting

文字—王巧惠
攝影—李忠勳

CASE 03
台北公館→台東市區

戀愛、結婚與移居互為因果，毫無保留地把自己的生活整個搬到台東，包含原本的工作——疫情時代發展出來的遠距工作模式，打破辦公室的空間限制，移居選擇或許將更靠近生活的本質。Ting的各式技能在台東解壓縮，華麗的冒險接連開展，有太太相伴的台東生活，每一天都很好玩，每一餐都很豐盛，畢竟，能在一起就是最美好的事。

Ting

1991年生的中和人。求學、工作都在台北，大學學的是平面設計，從事網頁設計工作同時學寫程式，現為網頁工程師。2022年移居台東鹿野，和太太結婚，2023年遷居台東市，並於次年春天成為兩個孩子的媽媽。

我是從這裡開始的……

告白時間：2024年3月1日

移居台東以前，其實我很少來台東。現在生活的台東市，只是前往蘭嶼的中繼站；火車旅行只會搭到池上、關山，從來沒想過鹿野有什麼。

2022年夏天，我和太太透過網路相識，短暫會面與交談後，我決定帶上簡單的行李與工作的筆電，搭上火車趨向她當時所在的鹿野。第一次在鹿野車站下車的那天，是我們第三次見面。在她家住了一個星期後，就決定成為彼此的終身伴侶。台北住處的租期也將至，不擅長遠距離戀愛的我，匆匆搬離久居的台北蟾蜍山，打包所有家當而來。為了給自己的遷徙一個名正言順的理由，我們的戀愛與結婚幾乎是同時發生。

Q・移居之後，有新喜歡上的食物、食材或料理嗎？

A・酸種麵包。因為自己養酵母一直是我想要做的事情，不過之前的空間都太小了，沒有大的烤箱或比較好的冰箱位置來放這些東西。移居之後就有很大的冰箱和很大的中島（工作檯面），可以玩很多種麵包。

Have you discovered any new favorite foods or dishes?

Ting與太太同時懷孕，寶寶們像是孕育在不同肚子裡的雙胞胎。

一個人的生活一定比較單純，和別人一起生活會衍生出各種需要協調的事物，但也能得到比較多的收穫。太太原本就和爸爸同住，所以我一下子從獨居轉型為三人共生狀態。我漸漸習慣先討論明日的菜單，督促太太的爸爸分擔家務，或為嗜甜的太太研究各式甜點、飲料、冰品。太太成為我解鎖新技能的關鍵角色，由於台東的大眾運輸系統相對不發達，為了接送彼時在市區上班的她往返住處與車站，我在鹿野學會了開車上路。只要有人有需求，我就會有動力，太太就是我在台東落地的動力。

What object around you brings you the most comfort?

Q · 身邊只要有哪樣東西存在，會令你感到安心？

A · 乳液、護唇膏。台東的天氣很乾燥，所以我都會準備乳液跟護唇膏在身上，自從來到台東之後還學會了自己做乳液的技能，非常實用。

一直以來都是和女生交往，我從來沒想過懷孕生子，太太則是非常想要生養孩子。對於沒有想過的事我就會產生好奇心，有好奇就可以試試看，可是同性伴侶目前無法在台灣進行合法的人工生殖手術，國外手術費用又動輒上百萬，既然洗碗機清潔劑、身體乳液都可以自己做，或許也可以用一支五元的滴管讓自己受孕。由於自助滴精成功率偏低，我和太太的排卵期正好分別在同一個月的前後，決定兩人都試，沒想到雙雙懷孕。預產期只差三週，我們就像是生養一對雙胞胎，只是他們分別住在兩個子宮裡。

孕育孩子將我們推向下一個階段，2023年底離開鹿野，搬進現在的家。台東找房大不易，移居資歷七年的太太，早已經歷多次搬遷，瀕臨租屋的臨界點。當鹿野的家屋租期將至，讓我們下了買房的決心。三人加上即將出世的兩個孩子，已經是個小有規模的家庭了，基於空間考量與育兒需求，鎖定市區的透天房子。花了三個月到處看屋，也曾想過買老屋改造，但老屋坪數較大，整體房價並不比新成屋低，最終選擇座落在南王部落裡的新建社區。這個春天我們即將在這裡迎接新生兒，相信一切都會很好玩。

移居不必然等於生活的動盪，也可以是在既有的生命輪廓上，擴充自身的體驗與能力。我一直很喜歡進行各種料理實驗，即使蝸居在台北的小套房裡，也會自己發酵酸白菜。珍藏的一罐自釀梅酒，見證我這幾年的移動軌跡，它跟著我從台北搬到鹿野，再到現在的這個家。

當那些水泥叢林裡密封的日常，放進台東的大山大海，

一路跟著 Ting 從台北到鹿野的自釀梅酒。

讓我覺得好像什麼東西都被放大了。在明亮寬敞且設備充足的新廚房裡，可以做的料理更加多元。尚未完成收納的餐櫃裡，擺著醃漬的蔭鳳梨、酸筍與番茄乾；擁有一台大烤箱之後，我開始學習養酵母烘焙麵包；冷凍櫃裡除了儲放食材，還有自家製的藍莓和巧克力口味的冰棒。我總在餐桌上取景，記下每一次下廚的手感。學生時期迷上攝影，我常揹起相機上街，有著必須到某個地方去按下快門的執念，現在的我依然喜歡拍照，可畫面裡全是家人和自己做的菜。

工作到一個段落就先去備料，然後再回來繼續工作，在台東是這樣，在台北也是這

樣。我的工作是網頁設計與編程，職場本就不受地域限制，因此移居導致的工作變動只有把電腦搬過來而已。任職的公司在COVID-19爆發初期便轉型為遠端辦公，並維持這樣的運作模式至今，我們沒有實體辦公室，同事四散他方，不過台東目前還是距離最遙遠的。公司每天都有視訊會議，而一季一次的實體會議，則是我順道返鄉探親的時刻。由於個人職業和台東生活完全切分開來，我非常喜歡聽太太講故事，身在建築領域的她，與地方的關係更為緊密，讓我得以從旁窺知台東的各種樣態。

雖然工作模式和強度不會因為工作地點而有所差異，但心境確實會因為身處的環境而有所鬆動。上班時間我都會待在有著一扇大窗的辦公房間裡，緊盯筆電和外接大螢幕排除各種問題；工作告一段落就立刻切換視窗，回到傍身的現實景色，眺望浮雲籠罩的山巒，還有駛過田野的普悠瑪號，讓眼睛好好放鬆。

週一到週五朝十晚五，我的日子看似維持規律的節奏，其實早已不同於以往。當太太外出上班時，由在家工作的我負責張羅晚餐；最近我工作比較忙，回神就能聞到太太燒好的飯菜香。我們互相照應、彼此補位，共同維持家的形狀，而且所有工餘時間，都被好玩的事情給填滿。

回想以前為自己安排前往某個地方旅行，可能渡過三天兩夜愉快的假期，回到家面對巨大的反差感，需要不斷地自我調適。我發現住在台東的人，工作與遊樂的模式往往可以任意切換。我們就住在自然裡，不上班的時候，太太帶我上山下水，戶外運動成為我的新日常，肌肉量也不知不覺地變多。我們有時去鹿野溪或鹿寮溪溯溪，有時沿著197縣道從鹿野騎單車到台東，山路很是崎嶇，但看著沿途景色變換，內心也跟著舒坦起來。

懷孕之後我們泡在野溪溫泉裡，紓緩漸感吃力的肢體；散步路線在搬家後變成附近的卑南文化公園，雖然想念在鄉間偶遇鄰居阿公阿媽話家常的情景，也期待著在這座新的社區建立起新的人際。孕期胖了十八公斤，我到後期只能穿太太的衣服，我們的單車並排在家門口，每次出入都像在提醒：產後要一起恢復運動。

Ting和太太一起上菜市場採買是生活中的一大樂趣。

和太太在一起之後，三餐都吃得很豐盛。為了吃，我們可以每隔一兩週就從鹿野開車進市區買菜。早上五點半出發，去中央市場選購肉品，分門別類裝滿十個保鮮盒，或到晨間限定的鯉魚山市集，尋覓飽含風土滋味的野菜，採買的份量足以塞滿整個後車廂。儘管很喜歡鹿野，但是住在鄉下，慾望就必須再降低一點，畢竟不是隨處可以買到冰淇淋的地方。現在搬到市區更方便了，不用再為了買菜長途跋涉。

這次搬家像是定著自己的根系，買下一棟房子、在這裡面生養孩子，可能二十年內不會再有移動。我們在餐桌上漫無邊際地聊著未來，也許孩子可以就讀附近一所傳承卑南族文化的實驗學校，也許等孩子長大後再搬到西部，或開露營車過著四海為家的日子。無論移居到哪裡，最重要的還是家人，只要選對人，去哪裡都不會錯。

成為一個母親的真實感尚未成形，我和太太一起在睡前做孕婦瑜伽，一起釀產後調理的黑豆酒，一起看生產影片感覺疼痛，就這麼陪伴著彼此渡過孕期。我們沒有吵過架，也沒有受賀爾蒙擾動而變得情緒不穩定，因為真的太過忙碌，一邊打包與拆箱，一邊裝修新家，不知不覺身體也要卸貨了。孕肚沉重、腿腳浮腫，我發現自己越走越慢，幸好我們的步伐是一樣的。

養一個小孩需要一整座村莊的力量，我們的村莊裡有彼此，還有一路相伴的家人朋友。有朋友自鹿野來支援裝修，木工朋友將太太搜羅的木材製成餐桌，建築朋友陪我們粉刷牆壁，以自然素材與塗料妝點這座新成屋，一點一點整理成家的模樣。散放家中各個角落的嬰兒用品，有些來自鹿野的鄰居，有些來自台北的朋

Q．現在居住的地方，哪一個角落或場域令你感到最放鬆？

A．臥室。以前睡覺的地方和工作的書桌放在一起，移居之後房間就是只有床、書架和衣櫃而已，然後有一個大空地可以兩個人一起做瑜伽。

Which corner or area makes you feel most relaxed?

新家可見的山巒景色，是Ting工作告一段落時，放鬆心神的最佳調節器。

友。雙親蓄勢待發要來幫忙，我的舅媽是月嫂，也會在月子期間住在家裡照顧我們。一切皆已準備就緒，新的旅程即將展開。

還在台北生活的時候，我一直嚮往著離開，卻不知道自己要搬去哪裡。原先對移居的想像侷限在城市，像是台南或嘉義之類文化色彩鮮明又很便利的區域。遷徙到有太太在的地方，才發現無論城市或鄉村，我都能住得很舒適，而人口不密集、坐擁山海的台東，或許其實才是最適合我的地方。

太太的工作是建築領域，這讓Ting有機會能從更多面向了解台東。

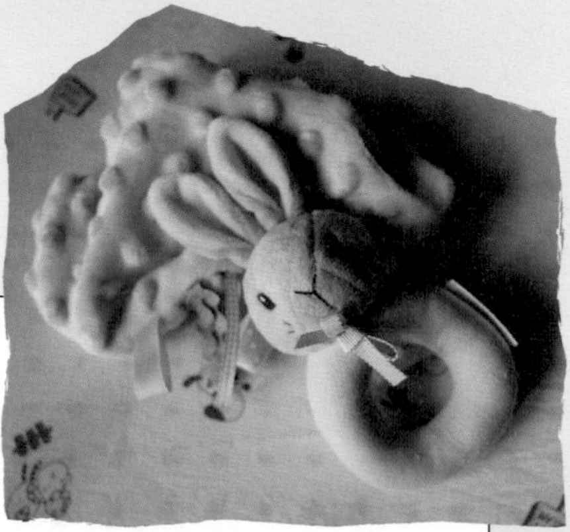

Ting 的移居前後

DATABASE

	移居前		移居後
居住地	台北公館。	→	台東市區。
家庭結構	1人。	→	5人(伴侶、伴侶爸爸、2個小孩)。
住處	租屋(套房)。	→	自購新成屋(透天)。
交通方式&移動範圍	大台北地區大衆運輸可以抵達的範圍。	→	和太太自己開車，過去多在鹿野移動，目前則以市區爲主。
工作模式或收入來源	網頁工程師。	→	網頁設計／工程師。
鄰里關係	蟾蜍山租屋處附近有朋友，鄰里關係還不錯。	→	住鹿野時會和附近的阿公阿嬤閒聊，也有一些保持互助關係的移居者朋友。
興趣	攝影、料理。	→	攝影、料理。

重新形塑，山、海、城之間的理想生活

方智弘

文字—方智弘
攝影—邱家驊

CASE 04
台北市區→屏東近郊

對移居後的智弘而言，生活也是一種創作。回到家鄉屏東，跟著排灣族族人朋友一家，重新認識此地風土；在南方的時序變化中，用五感吸收來自山海贈與的每一份禮物，接案工作與生活不再一分為二，所有經歷、感受都能經過咀嚼再轉化，成為其設計創作的最佳養分。

上：工作室牆上掛著從花蓮訂製的葉鞘拼製藝術品。
右：智弘為「2024 全民運動會在屏東」所設計的活動識別。（圖片提供© 方智弘）

方智弘
獨立接案設計師，作品橫跨平面、動態影像與展覽空間。台北求學與工作多年後回歸家鄉屏東，在能看見大山大海的土地上工作與生活。期待藉由生活重新認識土地汲取靈感，將設計注入地方開啟不同想像。

我是從這裡開始的……

告白時間：2024年3月20日

我是一名設計師，出生屏東東港，三年前從台北返鄉，目前定居屏東。

執行設計案的過程中，在大方向底定後，我會給自己一段時間盡情地去嘗試各種可能性，再從不同的草稿與測試中找到適合的答案。返鄉的生活，其實也很像一種創作。

大學後北上念書，畢業後直接進入台北的設計公司磨練。2020年因為疫情的關係，讓我有機會停下腳步，重新審視自己的工作和生活狀態，是不是有突破的可能性，下一個階段可以怎麼走。一個機緣，決定從台北回到南部，一開始沒有預設要落腳在屏東哪個地方，反而是在各個案子的邀約下，帶著好奇去各地走訪，甚至住下來。兩年多的時間游牧於屏北屏南之間，很幸運可以透過設計連結在地不同人事物。對我來說，游牧是體驗未知和認識自己的過程，拋開過

Q・移居之後，有新喜歡上的食物、食材或料理嗎？

A・芋頭。以前對芋頭沒有特別好感。在族人朋友分享下，透過不同料理方式重新品嚐到芋頭單純的美味，同時也認識他們對於食材運用的智慧。

Have you discovered any new favorite foods or dishes?

右：智弘藉由設計記錄南國土地上的風土人文故事。
左：在緊湊的工作節奏之外，窩在房間一角放空，也是生活重要的一部分。

往既定生活與工作模式，不要害怕嘗試，像是將黏土放在不同環境中，重新感受什麼樣的工作和生活型態適合自己，慢慢地重新形塑。

案子從各地夥伴委託，逐漸轉為與客戶業主端直接開會，案源也從屏東為原點開始拓展回台北。綜合考量下，決定定居屏東市，承租一個完整的空間，作為工作室與住所。

剛搬入新住所時，我向花蓮鳳林的阿美族工藝工作室「拿鞘」訂購了一幅作品，它是由檳榔葉鞘拼製而成。一開始「拿鞘」主理人大衛問

跟著部落朋友在野地採集，重新感受生活中的美術拾皆是。

If immigration could be compared to a song or a movie, what would it be?

Q · 如果把移居的過程比喻成一首歌或一部電影，會是哪首歌或哪部電影？

A · 張震嶽的〈破吉他〉，如歌詞所唱：「任何事都為別人／自己擺在最後面／來一次遠走高飛／再猶豫就別後悔」，決定了就行動！

我是否急於拿到，因為當時花蓮還不是撿葉鞘的時節，所以他們沒有材料可以製作，他同時也問道：「屏東的檳榔葉是否已開始掉落？」我才了解原來檳榔葉不是隨時皆能取得，也敬佩他們對於作物和季節的敏銳度。等了幾個月終於收到成品，運送過程還有一個小插曲——大衛製作完成時，才發現物流無法配送這麼大型的物品，最後是由另一位剛好要從花東回屏東的工藝師幫我載回。地理位置上，花蓮和屏東看似很遠，但透過好友之間的串聯，似乎縫合了地理上的距離，人與人之間反而比想像中近。

這幅葉鞘的畫作掛在工作室牆上，是送給自己返鄉二週年以及新居入住的禮物。

在看似重複的幾何結構中，細觀能看見每個色塊都是不同葉脈的紋理，在具有現代設計感的語彙中，觸摸得到傳統工藝和大自然細膩的美。去過花東，站在作品面前，彷彿回到花蓮的土地上，能聞到那裡山海的氣味，以及太陽晒在身上的溫度。我也從作品製程中體認到工藝創作與環境之間的關係，人要放慢腳步順著季節而生、順著時序而做，而過程中的種種等待，也成為了一種浪漫的等待。

這些感受，也是我回到南

方，不管是日常生活、或者製作地方設計時所追求的，真誠地體現人、土地、生活與設計之間的關係。

小農餐桌是一間位於大武山腳下的山村料理工作室，主要由屏東排灣族的目尼和花蓮布農族的小民負責，他們一家人是我時常串門子的好友。我幫他們處理一些設計印刷品，更多時候藉由拍照，記錄他們料理的過程，有時也會捲起袖子幫忙揉麵團做麵包，或者到野地採集協助佈置餐會現場。除了在小農的工寮，目尼如果要去其他部落也會帶著我一起前往，「有機會就多體驗看看吧！很難得。」我們雙腳踩在食材產地的泥土中，用雙手跟當地耆老工藝師學習月桃葉的編織，嚐一口熱騰騰剛蒸好的山芋。「認識土地是一輩子的事，慢慢來不用著急，我們會帶著你。」這句話是我剛回屏東，目尼對我說的。

去年小農餐桌啟動「小農餐車2.0」計畫，我幫他們設計餐車的外觀。這個餐車計畫，是定期將小農的料理產品以及部落的蔬果，以類似行動「siubai」（排灣族語：雜貨店）的形式，巡迴於屏東市區，近期也擴展到高雄和台南。有很多部落族人因為工

Q．現在居住的地方，哪一個角落或場域令你感到最放鬆？

A．點上聖木或線香，坐在房間角落閱讀或放空。平日工作以向外輸出為主，能有一段時間讓自己緩下來鬆開，是重要的。

Which corner or area makes you feel most relaxed?

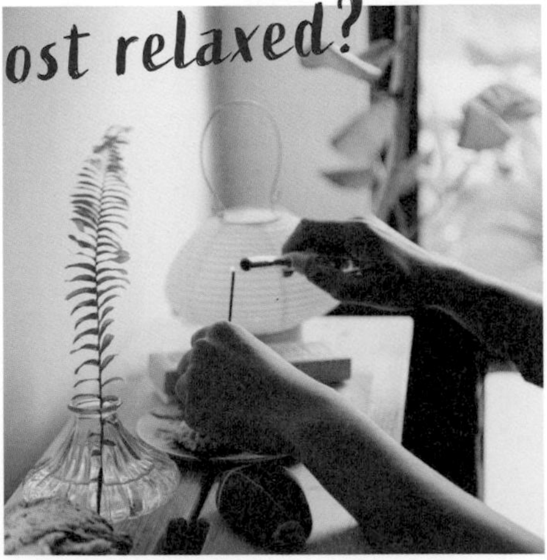

智弘的裝幀設計作品，書籍《LAUNCHER COLOR：走過日曬風吹的100種半島生活》。（圖片提供©方智弘）

作搬到市區，平時要吃到傳統食物比較難，如今藉由小農餐車，大家可以就近買到來自山村想念的味道。

自行研發酵母融合排灣雜糧一直是小農餐桌的強項，因此設計時我以一個有機的橢圓象徵排灣雜糧發酵中的麵團，裡頭揉合著小農一家人與山村、部落的生活光景：大武山、冒著煙的工寮、在田野玩耍的小孩、開花結果的月桃、月桃編織籃、工寮外的相思樹、包裹食物的血桐葉、醃肉、豐收的小米、吉拿富（cinavu，排灣族傳統美食）、窯烤Pizza、花草飲、香料烤肉……。祝福著他們開著這台餐車，透過烤出來的麵包和料理，把小農餐桌的精神——「料理的開始，是互助照顧」分享出去。

在車子完成後，看到目尼在社群分享：「過去總好奇排灣人的『傳統圖紋』怎麼長出來，部落工藝師說那是『生活與環境的記錄』，將美好漂亮的元素和有意義的家族歷史，轉化成簡單線條的圖紋，一直重複、變形再重複。與人人皆會農耕不同，不是每個人都有天份，能將圖紋畫出來，或是轉化、vencik（排灣語，刻、寫同義）在木頭（木雕）、身體（刺青）或服飾上的人，被形容為『被選』之人，在過去備受尊重，他們既要做土地的勞動工作，還要畫出屬於這個家的圖紋、家徽，讓家族的歷史故事傳承下去。在當代努力實踐排灣文化的阿祖布安家，非常幸運有這個被選之人，他是方智弘。」

這段文字無非是一種被認同與榮幸。很少有案子是可以與業主一邊共同生活一邊工作，

智弘與小農餐桌的夥伴一同生活與工作，關係緊密宛如家人。

然後再把經歷轉化到設計之中。從兩三年前剛回來時、拍攝的照片被目尼說：「這不是我們。」很榮幸慢慢地從「外地」旁觀者，更走近他們實踐排灣精神的路上，成為其中的一份子。

有段時間小農餐桌在試營運邀請客人到工作室吃飯，那幾日我都會去幫忙拍照記錄。剛好週末我的家人難得到市區，因此也帶他們過去用餐。連續三日和目尼小民一家碰面，我笑說：「感覺下週很快會再碰面。」目尼回說：「有什麼關係，我們就像家人啊！」

現在的住所，能見度好的時候，可以看見大武山層層山巒堆疊矗立著。而住在恆春的那段日子，騎車十分鐘，就能直接跳入大海中徜徉在一望無際的藍。始終記得疫情時那一

智弘為小農餐桌設計的小農餐車。

工作室車程不到三十分鐘的距離，便能走入半山腰眺望屏東。

Q · 身邊只要有哪樣東西存在，會令你感到安心？

A · 石頭。在山海之間不同旅程中，蒐集而來的石頭都像是記錄著當下的一種狀態。不管身處什麼地方，把石頭握在掌心，就有一份穩穩的安定感。

趟東海岸的獨旅，關於什麼是美，台東的山海重新給我很大的啟發。儘管目前住在屏東市區近郊，大自然對我來說也還是扮演一樣重要的角色，工作之餘會往山上跑或者海裡去，鬆開緊繃的工作狀態，身心的平衡對我來說很重要。平時我習慣在設計時獨處，全神貫注，離開工作桌後，很幸運有一群好友們可以聚一聚，不管是在山村的工寮、在恆春古城旁的基地、在離海五分鐘的民宿、或在市區鎮上咖啡店。聚會上彼此分享交流著近況，同時不停醞釀著，我們在屏東還可以一起玩什麼有趣的事？

在歷經游牧後，心態上開始保持一定的彈性和可塑性。告訴自己：不要急於找到一個答案，先行動和嘗試再說，而不變的是對設計和生活的熱忱。未來期許自己藉由設計認識更多屬於地方的風土人文故事，同時也帶著這些養分，向未知的領域繼續率真地邁開步伐。

智弘的移居前後

DATABASE

	移居前		移居後
居住地	台北市區。	→	屏東近郊。
家庭結構	4人。	→	1人。
住處	與友人合租。	→	租屋。獨立一層，包含工作室與住處。
交通方式 & 移動範圍	大衆交通運輸工具，主要活動範圍爲捷運站能到達之地。	→	屏東以機車爲主，如需往返台北出差，則是高鐵。
工作模式或收入來源	任職於設計公司。	→	開設工作室，獨立接案。
鄰里關係	基本上沒有互動。	→	與租屋處的鄰居沒有太多互動，多是到朋友家串門子。
興趣	設計、音樂、藝文相關活動。	→	在原先興趣與工作之外，喜歡往山海裡去。

CHAPTER 2
這是我理想／想要的生活方式

。老屋創業。

。育兒／自創品牌。

插畫 ©Jojo Chiu

種下和熟成，慢慢讓生活回來

舜子&Mindy一家人

文字—謝欣珈
攝影—陳建豪

CASE 05

高雄市區→美濃鄉間

因為想做喜歡的事，舜子與Mindy從台北搬到高雄市區，開了一間咖啡館。但喜歡的事變成工作，生存壓力接踵而來，擁擠的人車、密集的樓房，讓兩人逐漸喘不過氣。兒子小語出生成為休養生息的契機，兒時的美好回憶使歸返鄉下成為可能。他們在美濃重新種下一間咖啡館，在清新的稻香、熱情的蛙鳴、滿天的星斗中，和孩子一起，讓生活回來。

慢熟店內陳列的手工竹編器皿如提籃、花器等，有些是美濃的朋友編的、有些是舜子一家人編的。

舜子 & Mindy

希望孩子在自然裡成長，從市區到鄉下開了一間「慢熟」咖啡館，自己烘豆、自己種米做蛋糕。工作與人，都在生活裡慢慢熟成、貼近土地的味道。

我們是從這裡開始的……

告白時間：2021年5月17日

Mindy：我是在美濃出生，高中在台南市讀書、到台中唸大學，又到台北工作十多年。其實我還滿常換工作的，一開始在中研院，因為比較沒興趣就想換領域，往藝文界發展，嘗試不一樣的東西，結果發現薪水越來越少。後來對烘焙有興趣，舜子送我一台陽春烤箱，鼓勵我投履歷去相關行業，結果有一位滿厲害的主廚想找沒經驗的人，我就在他的甜點部門工作，順便學習。

但其實我不太能適應台北的步調和生活習慣，人太多，社交距離太近，走路都會跟人碰在一起，讓我感到很痛苦。不過台北活動和有趣的事情很多，煩躁時還可以轉移一下注意力。但生活帶來的壓迫感，還有一直住在公寓，打開門到處都是陌生人，感覺還是很不舒服。

舜子：我是花蓮人，在花蓮待到大學畢業，到高雄念研究所，在台北工作，當時想說應該會一直待在台北。我們是在Mindy剛工作不久，去上英文課的時候認識的。那時候她很愛喝咖啡，喝到上癮，所以會陪她上咖啡館。後來自己也開始練習煮、在家裡烘豆子，到甜點市集擺攤也賣得不錯，就想試試看開業。本來要在台北

這間老房子既是咖啡店的店面，也是讓一家人能緊密連結的生活空間。

開工作室，但租金太高、競爭又激烈，後來在網路上看見有人要頂讓高雄市區的店面，剛好離Mindy爸媽買的房子也很近，過路客看起來不少，搭高鐵下來談了兩次就簽約了。心想，如果她可以把興趣跟工作結合的話還不錯。

Q．移居之後，有新喜歡上的食物、食材或料理嗎？

A．自己種的米。搬到鄉下後開始嘗試自己種米，嘗試以友善耕作法種出的作物自給自足，再把多餘的米跟客人分享，製作成米蛋糕推廣米食。吃到自己從秧苗看著長大到收割的稻米，更珍惜這份得來不易的「粒粒皆辛苦」。

Have you discovered any new favorite foods or dishes

Which corner or area makes you feel most relaxed?

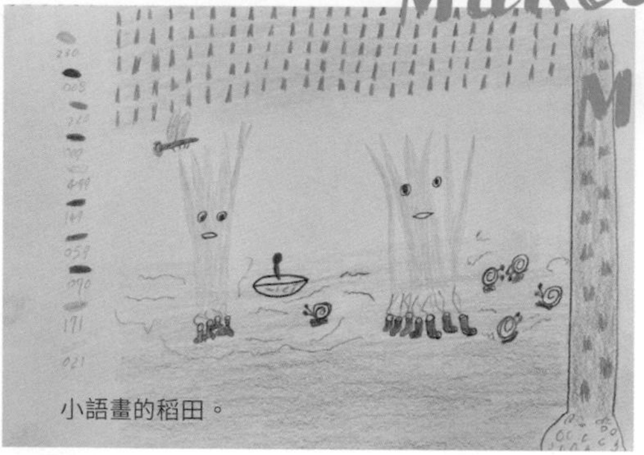

小語畫的稻田。

Q・現在居住的地方，哪一個角落或場域令你感到最放鬆？

A・小語：田裡。

Mindy：那是我們第一次移居，從台北搬到高雄市區。當時很倉促，店面簽約完馬上交接、整修、設計菜單，加上大家一直在問什麼時候要開，步調很快，事情來了就做，所以開下去才開始害怕，前半年也不知道怎麼做。當初用台北思維想像近捷運站、租金便宜，但來之後才發現高雄人都不坐捷運，消費力較低，租金還是會變成負擔，壓力很大，只能硬著頭皮拚下去，研究高雄人的口味與個性，增加很多產品選項，慢慢調整，一年之後才做起來。

當時高雄還是文化沙漠，

也很少可以散心的綠地，加上食物不合胃口，適應不良、身心狀態都快到谷底。雖然是做喜歡、想做的事，但一直忙工作，沒有自己的時間，賺的錢拿去應付房租等開銷，為了生存剩下一個疲憊的身軀，比在台北還累。我們寧可收入少一點，在鄉下可以得到開闊的空間、自然的環境，整體都會比較舒服，就算營業額沒這麼多，也可以接受。加上兒子小語出生，市區住宅空間太小，休息或是餵母乳都不方便，就想搬家。

舜子：搬回美濃最主要的原因是因為小語。為了小孩搬回來，不是為了自己，就不會一直猶豫，做了之後也發現對小孩真的不錯，也看得到改變。當然我們比較衝動，但是一旦做了決定，就會開始理性分析、規劃，想像可能的生活方式是不是可以接受，是不是好處多於壞處，都先列出來評估。兩個人在孩子睡著的半夜就會開會，討論MENU、顧客定位。

一開始只是想推廣米食，舜子沒有想到有一天自己也開始種稻。

不過美濃要找店面不容易，在地人要租屋都不會貼紅紙，要一間一間問，聊天搏感情。本來找不到想說算了，她爸就說有一間沒在用的房子，要不要整修起來？雖然房子淹過水，整個太破爛，但我們滿喜歡它在巷子裡的感覺，來打掃時又發現有磨石子地、馬賽克浴缸……，這些珍貴的兒時回憶，也讓我們感到老房子和自己有所連結。雖然老屋維護比重建困難、費用昂貴，師傅估完價就沒錢請設計師了，每天早上7點來監工，和師傅討論每一個步驟，那陣子壓力太大又累，還長皮蛇。

回到美濃鄉間，小語的視野裡多了很多有趣的事物，也成為他繪畫的主角。

Mindy：過程中比較慘烈的其實是我爸滿反對我們回來，他覺得工作換來換去，在台北工作得好好的，又到高雄開店，現在又要搬到美濃，認為我們是不是沒有毅力？沒有辦法待在一個地方，把一件事好好完成。

剛搬回來那年住在家裡，同住一個屋簷下就有很多摩擦，住久了長輩就會想是不是在啃老？加上家裡有出一點錢，會唸裝修東西為什麼要用這麼好、不用便宜的？覺得我們一直待在家裡沒有工作，不趕快開店，但我們又很龜毛，店還沒好只能維持這個僵局。不過我覺得長輩其實也很緊繃，怕被人家問，壓力一直累積，最後就爆炸了。所以美濃的房子一整修完我們馬上就搬來，家人之間的不愉快過一段冷靜期就好了。

舜子：移居到鄉下之後沒有租金壓力，比較可以調整營業時間來陪小孩。雖然一開始開店需要時間準備，有讓小語去上幼兒園，等到店上軌道之後，他也有些自理能力，我們

就帶回來自己顧。不然學校只有週末放假，但週末我們最忙，陪他的時間更少。

Mindy：搬回來之後我們以小孩的生活為主，步調慢一點，花時間讓生活回來，把我們想做、有興趣的事情做好就好。小語也有很大的改變，在市區人聲、車聲很吵，他的個性太敏感，容易緊繃，三不五時會尖叫和哭鬧。回到鄉間，大自然有很多東西可以觀察，而且比較安靜，他的個性就變穩定了，所以我想搬到美濃是滿好的選擇。像他一出生就有病毒疣，擦藥也不會好，後來我們開始種田，會帶他去田裡跑、摸土，一個月之後病毒疣都不見了！我就覺得大自然的力量好神奇！

舜子：自己種田也是一開始沒想到的。當初想使用在地食材，發現這邊最好吃的就是米，我們想用米蛋糕推廣看看，而且小孩有過敏體質，小麥的過敏原比較高，盡量不想讓他吃到。一開始我們買友善小農的米，後來向Mindy爸爸租田的農夫不做了，想說要不要讓小農契作，但大家壓力都大，沒辦法再接，我就想不然

自己種。她那時候很驚訝，但我是比較順勢而為，因為周遭有小農朋友可以問，我也會去農改場查資料，覺得種水稻應該不難，而且來店裡的貴婦都會聊農事，我想貴婦都可以種了，到底有什麼困難。

Mindy：住在這裡會覺得自己好像找到喜歡的地方了，生活品質也比在都市好。以前拚命賺錢買吃的，會有一種欲求不滿的感覺；現在是努力耕田就有食物吃，還有鄰居送菜來，那種感覺不太一樣。以前咖啡館是工作、工作是重心，工作以外也沒什麼時間；現在咖啡館是生活的一部分。以前被教育成只會工作、混口飯吃，不覺得自己能做這麼多事，還有能力種東西，但現在我覺得這是人的本能，先種下去之後自然就會了。

不過美中不足的是，目前的環境對小孩的教育比較沒有這麼理想，熟識的人都沒有小孩，無法分享育兒經驗或共學。小時候在鄉下大家都會出來玩，很容易跟其他小孩接觸，現在不會讓小孩外出，大都在家裡看電視，就比較少玩伴。而且這裡年輕人也沒有這麼多，稍微覺得失去以前在都市的朋友圈，少了社群關係。未來如果還有機會移居的話，應該會往更鄉間的地方去，或者會想找已經有一些育兒社群的地方，像是生態村那種概念的地方。

舜子：要先去想喜歡什麼樣的生活，再去想要如何生存下去。回來的時候我們也沒有想要多賺或是多存錢，只要收支可以平衡，生活得開心就好。所以目前是沒有再移居的打算。

Mindy：我們在整修那一年被迫暫停一切，變成無業遊民，一開始很焦慮，心想著怎麼還不能開始工作，這樣OK嗎？別人會不會講話？被迫停止的那段時間，就只能自己轉換心情，騎著腳踏車、帶小孩

Q．如果把移居的過程比喻成一首歌或一部電影，會是哪首歌或哪部電影？

A．陳綺貞的〈旅行的意義〉。對我們而言，家人在哪、家就在哪，移居就好像一個島內自助旅行的過程，從都市的高樓大廈轉移到鄉村的里山田野風光，經歷的是過程，感受的是人情，找尋的是意義。

If immigration could be compared to a song or a movie, what would it be?

四處繞，因而認識了很多人。當時建立的人際關係，讓後來的生活比較順利，我想這是對移居者而言很重要的過程——有時候可能因為著急，想用一個有效率的方式去開店、營運，構思了很多東西，但是卻忽略了與周遭的連結，因為生活不是只有自己，還要與其他人事物相連結，尤其在鄉下，有好的社交網絡，生活會比較愉快和順暢。

When do you feel happiest or most free every day?

Q · 每天感到最快樂或最自由的時刻是？

A · 陪伴小孩是最快樂的時刻；最自由是小孩去上學時。當初會決定從都市搬到鄉村是為了陪伴小孩、接近自然，陪伴他成長的過程也一起學習用孩子的視野看世界，充滿好奇心的探索、不預設立場的思考、盡情地開懷大笑；但小孩終究也是獨立的個體，在他學習獨立的時刻，也是大人可以鬆一口氣好好探索人生的時刻。

舜子與Mindy耕作的田地分散各處，此為其中一塊手工收割的田，收割後將稻束倒掛晒穀。(圖片提供 © 舜子 &Mindy)

實踐移居多年後的他們……

探訪時間：2024年2月20日

午後兩點的美濃非常安靜，在週二沒有營業的「慢熟」咖啡館，舜子泡來一壺茶，Mindy在二樓，小語在學校。去年九月，小語成為小學生，週一到週五都要早起，「小語說，『爸爸，我很忙，平日不要幫我排行程』，所以週四晚上他就沒有辦法跟我一起上社大的小家電班，因為這樣週五會爬不起來。」

用最適合彼此的方式，調整生活與工作的步調

小孩不在家，是與上次採訪時最大的不同，畢竟六年多前一家人從高雄市區移居美濃，主要就是想陪伴孩子成長，現在小朋友在身邊的時間少了許多，剛開始Mindy有些失落，但慢慢地也發現多了一些自己的時間，現在平日早上舜子會到美濃農會超市駐點沖咖啡，興趣廣泛的Mindy則開啟多樣化的線上課程，小語回到家看了有興趣，也會一起學。

在一起的時間減少了，更顯得珍貴。疫情之前咖啡館原來的營業

時間是週五到週一，疫情過後恢復營業，只開週五、週六兩天，「其實我們是禮拜天的客人最多，但是想要週末有一天可以陪小語，如果休週六，但週日營業、週六還是要工作備料。」移居生活讓舜子與Mindy越來越能把握自己的需要，將生活過成想要的樣子，咖啡館的經營也是，「我們賣的東西會盡量希望是自己也需要的，不一定是為了客人的需求而做。」所以米蛋糕上少了裝飾性的鮮奶油，希望客人品嚐到米香，還有用台灣小麥做酸種麵包，來降低對進口食材的依賴，「我們想返璞歸真。」舜子笑笑地下了註解。

種稻種出一串串緣分

自己種米是一家人在移居之前從沒想過的事，種了五年後，在疫情時期的兩、三年間又有超展開。原本一起在社區大學上自然建築課程的同學們想學習種田，找了一塊七分大的田地，團隊中只有舜子有實際務農經驗，大家便順理成章地委託他管理，加上原先耕種的農地，將近一甲的田是他種過最大的面積，「很累！」收成除了販賣米跟在店內販售米蛋糕，也嘗試與嬰幼兒副食品專門店合作研發純米米餅，除了增加店內商品多樣性，也能推廣米食，提供更多米食選擇。

現在已很少見，以腳踩的脫穀機脫穀作業。（圖片提供©舜子&Mindy）

隔年雖沒有續租七分地，但有鄰居聽聞他們是友善耕種，跑來拜託他幫忙管理一塊近兩分的田，「機器進不去，所以我們乾脆手工插秧、手工割稻，也因為純手工的關係，可以趁機做實驗，把稻穀吊掛，讓養分回流穀子，再用腳踩的脫穀機脫穀之後晒穀。能自己控制稻穀的含水量，碾出來的米會比較香Q。」古早味的手法在現今高度機械化的稻米產業裡已經完全消失，就連委託管理的鄰居大姐看到都忍不住下田來「體驗」她記憶中的童年時光。

現在他們種的面積又回到當初的兩分地，「我們還是想把部分時間放回咖啡館，做一些有趣的合作。」在農會超市駐點是朋友牽線，但此前一家人就曾到農會超市用餐買東西，覺得環境大且舒服，又有不少在地物產，「合作的話我們也可以幫忙介紹，讓更多人知道，支持這裡的農產品。」而舜子炒的咖啡豆也在農會超市上架，客人豆子沒了也不用再等到咖啡館開店才能買了。

隨著移居的時間越來越長，人際網絡也像作物根系，在地底下默默地拓展、連繫。幾次破冰的互動，加上友善的笑容，現在鄰居已經會送來自己種的菜；參加社區大學的農機課、小家電課、竹編課、養蜂課，務農的路上戰友越來越多；偶爾一家人也到水雉棲地和關心生態環境的朋友一起整理環境。從去年開始，還多了小語學校裡的同學們，有時候幾個家庭約著去釣魚、烤肉、聚餐，不過生活的重心始終沒變，大部分的時間裡，依然是一家三口緊密地過著身心舒暢的小日子。

貼近土地長大的孩子

從都市移居，讓孩子在鄉間長大，舜子認為能在田裡奔跑，接觸土地，仔細地觀察動物與植物，認識大自然，「這些回憶都會成為內心的種子。如果生活在市區，待在家裡接觸電視、手機的時間會變多，但是這些物質的東西長大之後不會留下印象。」而且在都市開店得花更多時間工作來打平成本，「相對就沒辦法陪小孩，或是要花錢請保姆，親子關係可能就會越來越疏遠。」那在爸爸的貼身觀察中，第一次上學、成為小學生的小語有什麼變化呢？

「我覺得他在學校滿容易被同學影響的。」比如在抖音上流行的「科目三」，「他跳給我看，我就打開Michael Jackson，他說『哇！這很厲害！』雖然他還是會覺得『科目三』不錯，但他會知道還有別的東西，也可以告訴同學。」與老師的相處則更突顯小語追求完美的個性，「有時候回家他會說，『在家很好我可以一直講話。』因為在學校他很自律，老師們都誇他很乖、很安靜，但我們也會想，這樣會不會有點太壓抑呢？」不過無論如何，在小語長大的路上，舜子與Mindy已經打定主意，會一直在身邊陪伴他。

圖片提供©舜子&Mindy

舜子&Mindy一家人的移居前後

DATABASE

	移居前		移居後
居住地	高雄市區。	→	美濃鄉間。
家庭結構	3人（夫妻、一個小孩）。	→	3人（夫妻、一個小孩）。
住處	店面與住家分開，租用店面、住親戚的房子。	→	店面與住家合一，使用長輩的房子。
交通方式&移動範圍	在市區以機車為主，去其他縣市購買食材則會開車。	→	開車或騎機車，生活範圍以旗山區、美濃區為主。
工作模式或收入來源	經營咖啡店。	→	經營咖啡店，斜槓務農、販賣農產品。
鄰里關係	鄰里關係疏離。	→	與鄰居、農友、同學多有互動。
興趣	還沒有小孩的時候夫妻一起看電影、參與藝文活動。	→	全家會一起散步、運動。媽媽喜歡頌缽等身心靈活動。

找個安靜的地方，最大限度地依自我意志過活

王文萱

文字—曾怡陵
攝影—Evan Lin

CASE 06
台北市區→新北平溪

親水的天性，讓文萱自然走向有水的地方。移居的平溪是基隆河發源地，咖啡店前的河岸不時有河風吹送、廚房有個人工開鑿的超現實活水井……。搬遷是去蕪存菁的過程，所憧憬的生活樣貌不總是清晰的，但在追尋的過程會留下真正重要的東西，越來越趨近理想的軸心。

王文萱

在平溪的嶺腳老屋經營「羊水」咖啡，與浪貓們一起打理店務，實行低度干預的待客之道。因愛山趨水的天性而移動，被山裡的河、咖啡，如羊水包覆的寧靜感滋養著，依隨山居流轉的季節肌理，體現個人的生活意志。

我是從這裡開始的……

告白時間：2021年9月1日

約莫在我小學的時候，母親上班前會安排我跟姊姊在書店附設的小咖啡店寫功課，我青少年時期也延續去咖啡店的習慣。我會長成什麼樣的人，跟咖啡店有很大的關係，也是將咖啡店取名為「羊水」的原因之一，呼應羊水作為人類生命最初養分的意義。

十八歲離開台南到台北唸大學，新聞系畢業後當旅遊雜誌的採訪編輯。我喜歡寫字，每篇文章都傾盡心力，時常凌晨還待在辦公室，快到上班時間再回家梳洗。當時領剛入行的薪水又要支付房租，生計滿堪憂的。因為太窮跟太累，也覺得被挖空，想從事安靜、可勞動身體但讓大腦休息的工作，就找了大安森林公園附近一間自己喜歡的咖啡店待著，此後幾乎就在這個領域留了下來。

我曾回台南開店，直覺要開店就要回老家開。回台南後，才發現定居跟偶爾回去是兩回事。常聽外地友人說，台南有種慢活的情懷，但對我來說，那些情懷都成了反面的樣子。我想是我很習慣台北了，大都會人有種默契，因為不想要被拖延、被干涉，所以也盡量不拖延、干涉別人。因此，雖然回台南開店也認識很多朋友，可是整個人的趨向還是想回台

北。我想我一直以來，都想在最不干擾、不麻煩別人的狀況下，最大限度地依自己的意志營造生活。

Q・移居之後，有新喜歡上的食物、食材或料理嗎？

A・米飯。工作性質難以定時吃飯，常年下來弄壞了胃。住山上後增加自己煮食的機會，接收到米飯給予的能量。單純僅是吃一碗飯，就能歸位當下的身心。

Have you discovered any new favorite foods or dishes.

Which corner or area makes you feel most relaxed?

Q · 現在居住的地方，哪一個角落或場域令你感到最放鬆？

A · 臨窗的低檯。能靜觀風雨，能聽聞河流，晴朗時能燃一炷香，看光影搬移。貓正好願意的話，以上都有他們一起。

若再挖深一些，父親出生長大的二空新村和母親住的水交社，都是台南最有規模的眷村社區，在我大學時期因都市擴張需求而拆除一空。自幼父母帶我們吃的榕樹下牛肉麵、外省小餐館也都沒能倖免。身為外省第三代，這都造成我某種對故鄉情感的斷裂和記憶的流離，也就沒有強烈的情感想落葉歸根。開店第一年跟合夥人決定不再共同經營，而我留下來把三年租約做完。有次店休幾天北上找朋友到三貂嶺散心，正好「Cafe Hytte」剛開不久，還沒有太多人知道，店主比較有時間聊天，現在「與路」咖啡的老闆也在那邊當咖

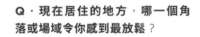

啡師，我就一起認識了他們，才明白原來夢想的生活和工作模式可以在青壯年階段被實現。過去其實也知道有人這樣生活，可是當下的情緒多半是羨慕，沒想過自己也能踏出那一步。

因為想離這群朋友近一點，我決定順著平溪沿線找房子。十分、平溪、菁桐等熱門的大站不在考量範圍內，因為小站的租金便宜，也保有寧靜的氛圍。第一次來嶺腳是從望古站走來的，嶺腳熱鬧的老街是在火車站的另一側，但我那次想走完整一點，就順著人跡少的斜坡走下來，下方是基隆河岸，有河風吹撫，心裡太喜歡了，便鎖定找這一條路的屋子。聽老人家說，這條路才是真正的老街，在礦業鐵道還沒延伸到這裡的時候，聚落是從這條路開展的。

當初發現羊水這間屋子時已經破敗，不過這是一體兩面的事，若房東勤於打理，就會像左右鄰舍那樣鋪磁磚、裝鐵門，像對開門等老屋的細節不會保留得這麼好。開始跟房東斡旋後，發現他們對租屋的認知跟城市人很不一樣，乙方並不擁有完整使用權。協調不順時，朋友建議另外找。不過在我的人生歷程，習慣看到一條路就要去走，走到不行再說。我不太會遠遠地看到問題，就另闢一條路，因此還是決定承租，繼續磨合。

現在每天晚上倒垃圾時會沿著河岸散步，河水的面貌豐富，像前陣子常有午後雷陣

「山寓」的放牧蛋。

雨，會發出雷鳴般的吼聲，近期少雨，就轉為安靜、顏色沉綠。基隆河沿岸有很多壺穴地形，大華、三貂嶺一帶分布密集，這裡也能看到一些。

我親水的天性可以回溯到童年時期，小時候常到台南虎山國小的池塘撈蝌蚪，長大後回訪，發現池塘不見了，衝擊滿大的。或許是需要的土地越來越多了，不管是人工或天然的水池，都一點一點地被填平。我第一個離水近的住所是在可以展望淡水河出海口的淡水小坪頂，我每天從淡水的山上騎機車到大安區上班，當時覺得可以住遠一點，可是生活的環境要是舒服的。

目前在嶺腳移動的方式是靠開車，方便採買。其實我喜歡坐火車，就這樣一路慢慢搖，沿線都是公路看不到的風景。但住山上的人本身還是要有行動能力，這邊的火車一個小時才一班，東北角雨季又長，常受氣候影響誤點或停駛，無法全然依靠火車。

承租的老屋雖然一開始屋況不佳，但保留了對開門等珍貴的舊建築元素。

住到山上後很少下山，因為考量到塞車等狀況，台北市對我來說變成是純社交的功能，與朋友相約才會進城。不過我喜歡台北市離我很近，那是一種可以隨時取用的感覺。具體來說是可以參加藝文活動或跟朋友上小酒館，我滿想念夜晚的城市。

如今若要移動，主要是去最近的基隆暖暖商圈採買，接著最常移動去三貂嶺。我的甜點使用「山寓」的放牧蛋，所以店休都會去拿蛋，通常也會去找其他朋友。他們對我來說是重要的社群，彼此生活方式雖不盡相同，可是語言相近。我們關注的事、對生活中需要跟不需要的認知很契合，所以在短時間內就有緊密的關係。很多我這個城市俗不知道的山上狀況也靠他們提點，很受關照。去三貂嶺都是當天往返，嶺腳的貓咪浩浩會陪我睡，我一直感覺牠是我已故的貓遣來繼續陪伴我的，會覺得要回去照顧牠。

目前的生計全靠咖啡店維持，整間店只有我一人操持，店務滿吃重的，疫情前一直呈現體力透支的狀態。疫情一來，本想當放暑假，可是到了第二個月，就有些心慌。原本擅長做的甜點只適合內用，

嶺腳的貓咪們是文萱在此生活的重要陪伴。

而麵包比較沒有運送上的限制，所以買了器材和設備，花一個月試做，推出可外送的麵包組，在疫情店休時用來補貼生計。但咖啡店於我的意義，是我提供空間，而客人自在放鬆、非常買單，彼此互不干涉，加上咖啡香飄出的瞬間，我享受的是這整個的加總。未來若被迫轉型做外帶，於我而言就是轉行了。

在嶺腳生活，會看到不少活生生的野生動物，像穿山甲、鼬獾、白鼻心，過去只能在「路殺社團」或相關報導看到照片，貓也會抓回多種生物。這裡有山有河，沒有太多人探訪，環境對我來說是滿分，特別享受雨季時客人稀落的時候，雖然這關係營收。

附近的老人家都滿照顧我的，可能擔憂我住山上沒飯吃，會走進店裡叫我去裝飯菜，吃到我都熟知每個阿姨的手藝。生活上讓我稍感困擾的，是在地那些不得志、喝酒遊蕩的青壯年。我搬來已經一年了，發現他們還是很熱衷在討論我的咖啡店，也不怕我聽到，就坐在店前邊喝酒邊講。我台語很破，但還是抓得到關鍵字，像是咖啡、有生意沒生意等等，每天都在講這些。

還有位很可愛的鄰居阿嬤，看到我要出門就會問：「小姐妳欲去佗位（tó-uī，哪裡）？」一次我隨口說去外雙溪，隔天開店就有客人問我這件事，說是阿嬤告訴他的。只要是出門，車子不在，也會成為鄰居聊天的話題。我可能還沒有從城市的觀念轉換過來，但若要說最想念城市的什麼，那就是誰都不管誰，鄉下地方就不是如此。獲得太多不必要的關注，會跟我想活出自己意志的這件事相衝突。

若可行，我想買下屋子。整修老屋要費很多心力，如果只

Q．如果把移居的過程比喻成一首歌或一部電影，會是哪首歌或哪部電影？

A．〈By this river〉by Brian Eno。出於有意識的偏愛或無意識受到召喚，我的移居是一場漸進式地、向水靠近的遷徙。也像水一樣時而淤滯，時而奔赴，目前住在河邊，逐漸明瞭這是朝源頭究竟的歷程。

If immigration could be compared to a song or a movie, what would it be?

What object around you brings you the most comfort?

是簽個三年租約就被收回，會一直處在不安定的狀態，不論是在經濟還是生活上。過去的遷居，是為了追尋某種生活狀態，未來若要再搬遷，就會是保護這樣的狀態，因為我已經找到了。

Q・身邊只要有哪樣東西存在，能令你感到安心？

A・汽車鑰匙。能動性對我來說似乎還是重要的。尤其居處在交通不便的山間，能夠不受天候限制，一個念頭生起即能帶自己移動到他處，單獨駕車令我感覺自由，能感覺到自由，也就能安心。

圖片提供© 王文萱

實踐移居多年後的她……

探訪時間：2024年2月16日

過去，每週至少一天，文萱必定會開車到基隆河上游的三貂嶺訪友。三貂嶺的友人多半是新移民，彼此交流著對山居生活的想像。緊鄰的基隆河經年不懈地沖蝕河床，悄悄改變壺穴的面貌，友人的生命也不斷流動，各自有了其它的重心，持續維繫連結但不再緊密。文萱移居到嶺腳後經營的「羊水」咖啡則邁入第四年，慢慢走進安定的節奏——在每個營業日的晚上六點收工，她關掉音樂，讓自己被過往居住經驗未曾提供的安靜籠罩。空氣中含納山風雲雨、溪水聲和貓咪們的磨蹭和低吟。移居所帶來的躁動隨著時間沉澱為尋常，一些固著的想法被鬆動，思考的維度也被逐漸打開。

生活落定，人際與店務慢慢成形

「時間還滿可以解決事情的，一些原先的困擾現在都不成問題了。」文萱談起過去在店門口議論咖啡店的醉漢，如今因為在地朋友過世不再到訪，鬧事的狀況自然結束。此外，鄰居對她的好奇感隨時間消逝，加上發現她足以自理，送飯菜的頻率跟著降低，也不會過度關切。對於他們偶然的登門聊天，文萱也都習慣了。閒聊、為來訪的親友買咖啡，成了現階段的主要往來模式。

咖啡店也進入穩定的軌道。從剛開幕時因踩點人流變得熱鬧，半年後遇到COVID-19進入休眠期，接著疫情高峰結束後迎來國旅熱潮，恢復內用模式。隨著各國陸續開放國境，生意又淡了下來，「其實也是穩下來，因為這才是常態。」現在，運作模式順暢穩定，已經養出一小群固定客。

圖片提供©王文萱

生意淡下來前，文萱感覺自己賠上了全副身心。為了應付客流量，她幾乎每晚都要烘烤隔天的甜點。２０２３年下半年，許多人蜂擁出國，她也開始摸索新的工作和生活節奏。因為客流量減少，一週只需三晚備料。「沒有像過去那麼被具體的工作時間吞噬，可是心理上還是有一點這種感覺。」她一直想寫東西，但遲遲無法動筆，歸咎於店務太雜，沒有完整的構思時間。

動與靜的流動

店內有不少客人喜歡安靜地喝咖啡，文萱也享受安靜的氛圍。山上沒有城市裡充斥的各式壓縮機嗡響，她在開店前、打烊後都不太開音樂，有時第一組客人進來，會禁不住說：「這裡好安靜。」

山上的安靜對文萱來說雖然可貴，但在連日工作後，她也常會產生「想去市區沾染一下人氣」的心情。這是過去生活在台北不曾有過的感受。寒冷又下雨的日子裡客流銳減，常常一整天遇不到幾個人，這時她特別想走進都市，浸泡在車水馬龍、人氣喧騰的場域裡。

過去在市區的咖啡店打工，閒暇時喜歡逛書店、泡咖啡館。剛搬到嶺腳時，休假日會待在山上或去三貂嶺，但如今放假時反而想跑進市區。「住市區的人，休假的時候會去山上海邊，我是完全相反的。」經過四年，文萱在嶺腳的生活已經穩定下來，但身心的餵養似乎還是需要從市區取得。「來嶺腳之前，我對市區的需求好像沒有那麼明確，因為就住在市區裡，所有的東西都隨手可得。」過去也曾跟朋友聊到移居的地點，大多覺得花東會是終極目標。「花東不像這裡，這麼方便在城鄉間進出，現在會覺得我還是需要城市。」

拆解內心的框架，安居於歸屬之地

日復一日看顧著咖啡店，週期性地感覺被吞噬，文萱逐漸發現，有些東西可以從這些不斷重複的事情中提煉出來。過去，當事情變得日常，往往意味著無聊、停滯。但這幾年，她開始可以在日常中看見事物流動的本性。

「可能跟我這幾年心境上的更敞開有關係。」文萱思索道，感受無聊、停滯，或許是因為習於把自己封閉在框框裡。前幾年她迷上占星和榮格的精神分析，看見原來每個人的天生特質是如此不同，也因此能夠在比較短的時間內消化人際碰撞引發的負面情緒。

此外，藉由拜訪其他咖啡店，從店主到客人的身分轉換中，她看見許多自己固有的偏執。「像是很多店主介意客人搬動桌椅，因為可能會影響動線。但如果整間店只有一桌客人，其實是有彈性的。客人這樣做可以讓自己舒服一點，不會影響任何人，影響的是店主內心那個不知道所為何來，覺得別人在侵門踏戶的感受。我現在開始有比較大的內在空間去換個角度看事情。」

文萱覺得內在空間的擴張，應該也跟嶺腳的環境有關，她很慶幸當初有機會可以移居到山上。「現在移居對我來說，將個人意志最大化的需求，占據的比例不再那麼大了。最大的意義，變成是提供歸屬感——一個可以讓我安心去做其他事情的基地。」歸屬感來自生計的供給、友善客人的吸納，以及安放獨處需求的安靜環境。「我可以偶爾去城市沾染人氣，但我不怕被淹沒、消融，隨時可以抽離，回到這裡安穩生活。」

圖片提供© 王文萱

王文萱的移居前後

DATABASE

	移居前		移居後
居住地	台北市區。	→	新北平溪。
家庭結構	1人。	→	1人。
住處	頂樓加蓋、住商混和大樓、社區大樓等。	→	老宅。
交通方式&移動範圍	機車及大眾交通運輸工具。工作及休閒的範圍爲雙北。	→	火車、自己開車。採買、訪友及休閒範圍爲北北基。
工作模式或收入來源	咖啡店(受薪階級)。	→	自營咖啡店。
鄰里關係	沒有互動。	→	不密切但和睦。
興趣	逛書店、泡咖啡館、到郊區散心等幫助自己放鬆的活動。	→	興趣不變，但更明確知道自己需要規律地回到城市。

所有的深刻，都發生在自然裡

蔡致蕙

文字—曾怡陵
攝影—Kris Kang

CASE 07
新北板橋→苗栗三灣→新竹峨眉

在自然裡，不同節氣的景色會有明顯的轉變，這些變化帶著致蕙學習生命的本質與倫常，進而接受生活裡的變動或不確定。而帶孩子們搬到鄉下，她也一起又體驗了一次豐盛的童年，自然總是向我們展現最真實的一面，許多從都市學到的概念和習性，也就慢慢地被打破。

移居到三灣，也開啟了日後「林也小院」品牌的誕生。

蔡致蕙

從台北搬到鄉間的理想是陪伴兒女長大，讓他們建構在都市裡無法長出的生存能力和幸福感，在尋覓居所的過程中逐漸圓滿內在狀態與生活的想像。藉由經營「林也好生活」，發展台灣永續自然的生活美學。

我們是從這裡開始的……

告白時間：2020年10月28日

念台灣藝術大學視覺傳達系，本來想出國但是出不了，既然不能發展夢想就只好賺錢。我去問了一些大老闆的意見後，就進入房地產業工作。婚前當房屋仲介，婚後去仲介公司當業務，沒有週六日休假，生小孩後轉內勤，做市場研究人員。接著，到上市建設集團參與推案前的規劃工作——評估一塊土地到底值不值得開發？如果值得，要推什麼房型？一坪賣多少？工作上很順利，年薪也都有一百多萬。

不過可能是因為我從小在埔里長大，物慾滿低的。賺比較多的錢，或許可以用來換比較好的房子和車子，但就要用更多錢去維護，比如付管理費、房屋稅、地價稅等；然後變得更沒有時間，還要請人打掃家裡、帶小孩，生活上的事都要外包。我覺得這一切不是很合理，好像是無止盡的追求。

加上我的女兒那時雖然念標榜蒙特梭利的幼稚園，但教育方式不太在我能接受的範圍。在她對英文還沒有整體概念的時候，就被硬逼抽背。讀了一年，連隔壁的同學是誰都不認識，下課還會被老師要求不要說話。換了幾間幼稚園後她不開心，我也不是很開心。

在兩百五十坪的土地上，致蕙只做最小的利用，將大部分的面積留給自然。

另外，因為當時只有女兒，希望她有良好的人際互動，我就像盡責的都會媽媽一樣，時常舉辦小孩派對，但人際的疏離感還是很難化解。那時

Q · 開啟或結束每一天的儀式感？

A · 我跟兩個孩子的相處一直以來都很重視一天結束時的睡前時間，除了彼此分享一天的過程和心情，以及感恩、祈禱，我們也會講故事，有時候是小孩設定角色和故事背景，我來即興說故事，有時候是接龍，大家一人一段，有時會把光往天花板照射，用手影編故事。曾經故事發展龐大到我還把角色和場景、招式等都畫下來變成手卡，讓小孩蒐集紀念。

What rituals do you have to start or end each day?

Which corner or area makes you feel most relaxed?

Q · 現在居住的地方，哪一個角落或場域令你感到最放鬆？

A · 一定是土地！沒有什麼比雙腳踩在自己妥善照顧和認識的土地上讓人更放鬆和開心了！

開始會想，自己在鄉下長大，為什麼到城市裡好像做任何工作都能上手？我覺得是因為從小在鄉下培養出觀察力、洞察力、專注力等隱實力，反倒不一定是學識上的積累。所以就開始思考「希望孩子能擁有的童年」，是想要重新踏到土地上、自然裡，就開始動了找土地的念頭。

一開始從台北開始找，因為畢竟我已經累積了很多的資源和人脈。我跟我女兒找到木柵老泉里的石頭屋，空間比較小，但我很能接受，樸門農法就有說三坪小屋也可以過日子。只是後來我先生覺得空間要大，要有鄰居比較安全、要臨路狀況佳、要有路燈等等，想法上比較保守。因為採納他的意見，就越找越遠，找到苗栗。來苗栗時發現，在主要幹道就可看到山和水，環境很舒服，只是離原本的人際跟資源比較遠，也是會擔心。但因為看到合適的土地、有老房舍，鄰近的三灣國小大坪分校也很理想，訴求生態、食農跟木工創客，所以在環境、就學等各種條件考量之下，決定移居。

這塊兩百五十坪的土地全是建地，我在土地上做最小的利用，只再加蓋了十五坪，其他都留給自然，種東西或不作任何安排。許多朋友尤其長輩，每次看到總建議要在泥土上灌水泥，不然會長草，但我會想要盡量自然；中庭也被說怎麼不蓋屋頂，但我就是想看星星，淋雨也沒關係。以前在台北信義計畫區上班，住家就在捷運旁，公司往返住家都不用撐傘、遮陽，一路都像是在「室內」，不知道外面的氣溫如何、颳風下雨也都沒有影響，這樣的日子竟也過了很久，現在我只想貼近自然。

移居後我們環島拜訪許多人，加上陸續來了不同的鄰居，有人已經過自然生活很久，來這裡自力種田，或是做手工藝、擺市集。慢慢知道生活方式是可以自主發展的，也就沒有那麼多的恐懼。很多來拜訪的朋友會表達對生計的擔憂，但其實在這裡有大把的時間，只要某幾天有工作產出，就足以負擔一個月的支出，因為沒有什麼消費，現在單筆支

三灣家園的熱心好鄰居，和致蕙一樣愛惜土地，不用農藥。

出最多的反而是以前不放在心上的勞健保費。鄉下路邊的野生果樹很多，果實都掉滿地。夏天撿芭樂，芭樂撿完撿柚子，最近在撿柿子，食物的來源多樣而豐沛。

村子裡有很多通情達理的老人家，例如有些有保護動物的概念，不會養雞來殺；崇敬自然，所以不用藥，對比很多人搬到鄉下還得跟農藥對抗的經驗很不同。一開始我也種些作物，但其實光是鄰居送的東西就吃不完。他們很熱情，會一直送菜和菜苗來，說我都出去買菜不行，還會督促我在晚上八點非洲蝸牛出沒吃菜時去撿蝸牛。有一戶鄰居是黃阿公阿嬤，阿公很熱心，學校有炕窯（khòng-iô，用土堆成土窯悶烤食物）活動，他會寫歡迎牌；有人辦路跑，他就搬出奉茶的牌子和茶水；他時常很熱情地分享人生道理。而阿嬤說起跟阿公的戀愛史時，可愛的像個永遠的少女。記得以前我為了照顧嬰兒，晚上常沒睡好，有一次開車打瞌睡擦撞到娃娃車，雖然沒在車體留下痕跡，但對方故意找碴索賠。阿公輾轉聽到消息，就跟阿嬤一起出動，幫我解決事情。人家說「千金買屋，萬金買鄰」，意外地這裡的鄰居很好，我覺得是賺到了。

目前維生的方式是接出版社

孩子們下課，致蕙帶著共學的孩子們一起散步回家。

設計案、做裝置藝術等案子，也辦課程、市集、分享會等。另外，今年獲得信義房屋「社區一家」楷模獎的全額補助，也幫助我持續推動生活美感的活動。記得以前曾接受性格測試，結果我屬於外向的個性，我也覺得自己很需要社群，所以才會一直想在這裡推動一些事情，很喜歡這樣的生活型態。

女兒也喜歡這裡。現在就讀的國小像個大家庭，全校才20個學生，所以中午大家會圍一個圓桌吃飯。小朋友跟家長們彼此都好親近，跟在都市完全不同，人跟人之間的關係不用刻意營造。老師還會帶學生撿木頭、砍竹子。記得一次接女兒回家，看到一群小朋友爬到樹上抓雞，然後再爬下來趕雞回雞舍，我差點掉淚，莫名地很感動。過去在都市會參加荒野保護協會的親子團，想讓女兒認識自然和擁有玩在一起的群體，可是都沒有像在鄉下生活這麼渾然天成。

回想我的童年跟自然是很親近的，因為家裡沒有電視、玩具，所以常在戶外玩耍。那時自然環境很豐沛，我會把蝌仔、螃蟹等生物抓回家裡養，養過至少二、三十種昆蟲和

國小內的雞舍。

讓孩子們在大自然中盡情活動，養成觀察力、專注力。

動物。家門口就是公園，蝴蝶生態很豐富，我也會用小圓凳從空中朝地面蓋，透過凳子的圓框竟然就可以看到四、五種蝴蝶，對比現生態多樣性的蕭瑟，當時的回憶像是奇幻故事的場景。童年所有深刻的驚喜跟回憶都在自然裡面發生。

這也是為什麼我那麼希望讓孩子走進自然。在城市住家裡，空間裡很少有東西在變化，只能給女兒看螢幕，只有電腦或電視裡才有事物在變化；不然就得想辦法陪她，塞給她各種活動。但在鄉下，其實只要走出去，什麼東西都在變，什麼都可以看。另外，我也發現在城市生長，導致女兒的觀察力大幅弱化。例如，我從很遠就可以識別樹上的動物，但她走到離目標物三十公分的距離，還是看不出來。對我來說，觀察力是我就學或工作過程中很重要的能力，可以用一輩子。但這些在小時候奠基的能力，很難在都市長出來。她現在的狀態比較有生命力，觀察力也有進步。在學校有很多時間都在玩，和同學一直在抓蟲餵雞。也因為沒有太多的刺激，很愛看書，看書的時候會旁若無人，養成很好的專注力。

目前的規劃是這兩年暫時還會生活在這裡。以前買這一塊地的時候，就打定主意不要再買賣土地了。《鳴響雪松》系列的書有講到祖傳家園

的概念，土地是要傳世的，小孩長大後，永遠有一個地方等他回來，跟他的回憶連結。不過，對我來說有可以互相支持的社群也很重要，前陣子社群的遷出讓我有點灰心，那時我開始去看新竹的地，覺得那邊的社群和資源比較多，加上在這裡還沒有找到特別喜歡的國中，女兒的就學問題也是重要考量。我有跟女兒分享這個想法，她馬上說自己只有一個要求，就是這個房子不能賣掉，顯示她真的很喜歡這個地方。

我覺得大人的任務好像是陪小孩再長大一次，跟著他們學習，把自己再活一遍。我常想，到底要用什麼方式對待他們，希望他們變成什麼樣子？第一當然是快樂。但如果連我自己都不快樂，他們怎麼會快樂呢？以前覺得自己是工作機器，一直追求成就感，其他都

If immigration could be compared to a song or a movie, what would it be?

Q · 如果把移居的過程比喻成一首歌或一部電影，會是哪首歌或哪部電影？

A · 還真的有！移居後常常在開車繞行山路時唱著〈大王叫我來巡山〉，覺得輕快又開心～非常符合我的心境。「大王叫我來巡山，我把人間轉一轉……生活充滿節奏感……這山澗的水，無比的甜，不羨鴛鴦不羨仙。」

Q．每天感到最快樂或最自由的時刻是？

A．哈哈，是泡澡或是種植照顧植物的時候，偶爾做菜煮飯在廚房時也滿開心的！

不重要。現在會覺得真實人生的意義應該不是這個，開始重新學習怎麼樣才能健康快樂，找到生活的平衡，讓自己的生活方式和精神是可以永續和傳承的。

致蕙與師傅以回收的老木料為老屋重新建造屋頂。（圖片提供©蔡致蕙）

實踐移居多年後的他們……

探訪時間：2024年2月8日

「荒狼是我好幾年前取的自然名。狼可以獨居也可以群聚，在廣大的草原上奔跑，是充滿古老智慧的動物，我喜歡那種自由又充滿生命力的感覺。」這個內心圖像引領著致蕙，在生命一次又一次的變動裡，不斷尋覓身心的居所。

從三灣到峨眉，再到頭份，對居所的再次追尋

十年前，致蕙從台北移居到苗栗三灣，在三灣與自然相倚的日子，寧靜豐盛。許多人帶著嚮往到村裡租屋，高峰期有八個家庭移入，共餐、共學、相互支援，但因為想擁有自己的土地，又陸續遷出。致蕙對社群的寄託落了空，加上女兒國中就學考量，於是將屋子交託給能夠接納野蜂在廚房築巢的友人。2022年，她搬到新竹峨眉一間被柑橘園和山林包圍的三合院裡，延續「林也小院」商品的銷售和活動。

峨眉的經濟作物是柑橘，慣行農法盛行。住隔壁的阿婆只要發現

附近有人噴藥，就趕緊用報紙覆蓋作物。「我都叫她『魔法奶奶』，她會送菜給我吃，對我很好、時常照顧我，幫了滿多忙的。知道我想搬家，一直說不要搬，她不習慣。我也覺得捨不得，很想把她打包帶走。」在這裡的每個週五晚上，致蕙會參加無負擔農場舉辦的「打夜學」——一種白天耕作，晚上學習的客家傳統。共同發展地方的刊物、烹煮與品嚐米、夜觀、打手碟⋯⋯，成員們以各自的專業和理念溫暖地共振彼此，身心被充分滋養著。

然而，區域用藥以致於缺乏可種植的土地，再加上租賃不穩定，讓她決定在不易開發、沒有經濟農作物集中的區域另覓住所——頭份土地的規格比三灣小，因此能在經費上有更多餘裕承接願望。去年五月，致蕙在頭份買了土地和老磚屋，空閒時便與師傅一起動手整修老屋，只見她束起長髮，戴上工地面罩，動手切割磚牆、打磨著老木料；面對這些有著歲月刻痕、經歷氣候和環境挑戰而留存下來的耐久木材，感謝和敬畏之心油然而生，她堅持用回收的老木料打造屋頂，希望繼續延續這些珍貴的生命。

完整生活與工作的樣貌

移居的生活一直處於有機的變動，時常要在生活、工作、孩子間求取平衡。搬到峨眉後，致蕙將工作室改為「林也好生活有限公司」，也是因著孩子的狀態所做的調整。「過去在都市，小孩都丟給托育單位，到鄉間的理想是陪著小孩長大。隨著小孩越來越成熟，我就有越多心力投入所愛的植物、土地和創造。」她急切地在尚未完工的頭份土地上扦插繁殖玉米等作物、鋪上泥土地板與土牆，也花更多心思經營品牌。

不滿足於只是接收自然的贈與，致蕙積極回饋。她想起過去環島時曾參與屏東霧台神山部落的原生林守護行動，希望目前的有餘也能形成支持，決定每月捐出部分營收。除了捐助，也舉辦更多土地與永續相關的活動擴散意識、促成行動，並透過商品落實野草棲地的保育。「我們的產品不多，因為堅持原料必須是魚腥草等在地自然生長的植物。透過做成有價值的商品來保護棲地，而不是消耗環境資源。」品牌的Logo圖像選用費波那契螺旋，正是意指自然中的完美設計，足以支持人類生活所需。

現在的品牌分為永續生活產品、講座活動以及專案、企業合作三個區塊，希望呈現出台灣永續自然的生活美學。「像京都和峇里島都發展出各自的自然生活美學，這也是台灣擁有的隱實力，尤其我們擁有豐富的自然多樣性，不該只發展科技和廠房。」

從自然長出的力量，接受真實的自己

十年的移居生活，在致蕙和孩子們身上起了變化。長女在都市長大，讀幼稚園時呈現不想上學的狀態，但到了鄉間，開始喜歡上學，不愛請假。「我覺得在這裡，大家都是快樂的。我們的互動常常是講一講話就開始唱歌，每天晚上會一起禱告，分享當天發生的事情，幫彼此的願望祝福，這是我想創造的氛圍。」

看著屋子從沒有屋頂到有屋頂，一天一天地建構，比起都市裡任何事都可以用金錢處理妥當，致蕙相信在鄉間的經驗會讓他們有更多的看見。「在AI的世界中，什麼都可以被複製、虛擬，知識性的東西變得容易取得，人類的優勢是要擁有自己創造、串聯、洞察等能力。如果孩子競爭到第一名，對我來說也只是短暫的虛榮，但看到他們在學校學木工、抓蟲，我相信那種跟自然共構互動的過程是一種生命的原始能量，會成為成長後的重要資糧。」

致蕙自己本身，也感受到內在狀態的轉化。「對於自己跟別人的不同，比較不在意了，開始很喜歡自己的樣貌。」過去的價值觀單一，初期移居鄉間時也會質疑自己做這些事情沒有競爭力，但如今可以很熱切地去做，少了顧慮。「知道自己在做什麼，定位在哪裡，不需要這麼急切也沒關係。這是很大的禮物。」

與自然在一起，是致蕙的生命主軸，在過去只有生活、職場生存的侷限視野中隱而不顯。她朝著願念拓荒，懷抱未知帶來的不安，一步步走向越來越真實的自己。

蔡致蕙的移居前後

DATABASE

	移居前		第一次移居		第二次移居
居住地	新北板橋。	→	苗栗三灣。	→	新竹峨眉，將再搬到苗栗頭份。
家庭結構	3人（丈夫、1個小孩）。	→	3人（2個小孩）。	→	3人（2個小孩）。
住處	新大樓社區。	→	買250坪地＋房舍、再加建15坪屋。	→	三合院，將搬到頭份的整修磚砌平房（55坪地＋30坪屋）。
交通方式&移動範圍	大衆交通運輸工具。主要活動範圍爲住所到公司路線的鄰近區域。	→	開車。因生活及工作業務所需，移動範圍北至台北，南至台中。		
工作模式或收入來源	地產相關。	→	各種多元斜槓（設計及露營區活動接案等）、經營「林也小院」。	→	經營「林也好生活」。
鄰里關係	與鄰居幾乎沒有互動。	→	與移居社群互動密切。	→	因爲建屋協力的需求、各種與永續活動的舉行，新社群創建緩緩進行中。
興趣	工作忙碌，少有時間發展興趣。會利用週末參加荒野等與土地和自然相關的活動。	→	將種植、造屋等興趣融入生活。		

在一處剛剛好的地方，理解自我

陳亞萱

文字—李盈瑩
攝影—陳星州

CASE 08

台北市區→宜蘭礁溪→宜蘭市區

從青春正盛到年過三十，從樂團主唱到植物手染，再一路進入探索內在的瑜伽練習。亞萱兩回合的育兒經驗，兩個版本的人生，而宜蘭這塊土地所滋養的，是成就越益通透的自我理解，以及一顆逐漸貼近土地的心，與此同時也替她揭序了將來野地生活的前奏曲。

移居礁溪後，亞萱選擇以居家生產的方式生下女兒菓菓。

陳亞萱

2013年移居宜蘭，育兒之餘也投入植物染及瑜伽教學。目前持續經營「Me Time Yoga」瑜伽好朋友，也和先生一同投入開店的挑戰。

我是從這裡開始的……

告白時間：2020年12月24日

學生時期因為當時的男友考上台北學校，為了能繼續留在台北，我選校不選系，就迷迷糊糊念了師大的公民教育與活動領導系。那時候對本科所學提不起勁，便跑去選修國文系的中國哲學與莊子思想，才突然像找到知音，精神上受到啟發，開始想投入自己真正感興趣的事，掌握自我的人生。於是開始與外校朋友組團、擔綱樂團主唱。回想起喜歡唱歌這件事，可以追溯到幼稚園時期，我總是一邊吃飯一邊大聲哼唱八點檔的歌曲，常被我媽念吃飯不好好吃。

因為熱愛音樂，還在念書時我就在Legacy工讀，離開學校後也待過樹樂集、Shutter等表演空間當企劃，閒暇時就持續與朋友組團，那時候我們常到團員阿丹位於宜蘭的老家練團，而阿丹後來也成為我的第一任丈夫，開啟了我移居到宜蘭結婚生子的生活。

25歲遷居宜蘭前，我是在台北出生的，當時爸媽一個從事樣品打版，一個是專業的車縫師傅，但就在我出生前幾年，一場大水將爸爸位在河濱的樣品室淹沒，許多機具與布料毀於一旦，於是舉家搬移回爸爸位於彰化芬園的老家，做起麵攤小本生意。我還有印象自己小時候會像隻吉祥物一樣在店

礁溪的透天宅房保留的一片
生態豐富的雜木林與魚池。

內穿梭、幫忙端菜。

直到我上小二，因為北部有不錯的工作邀約，父母再次舉家搬回台北，我就這樣一路在台北住到成年，因此婚後移居

Q・開啟或結束每一天的儀式感？

A・睡前躺在床上和女兒聊天，聽她分享幼兒園的趣事，總能點滴感受到她的成長。有時我們也會進行感恩儀式，讓一天的結束充滿對他人的祝福。

What rituals do you have to start or end each day?

Which corner or area makes you feel most relaxed?

到宜蘭的前幾年其實不太適應，加上當時同齡朋友都還像以前那樣，過著多采多姿的生活，我卻在異地被育兒瑣事綑綁得動彈不得，在心智不夠成熟的狀態下，我常希望自己還能繼續擁有那樣的人生。

Q・現在居住的地方，哪一個角落或場域令你感到最放鬆？

A・房間外的半戶外陽台，是我瑜伽練習的小天地，天氣晴朗時，好喜歡在這裡行光合作用呢！

談起那段灰濛濛的時期，由於長時間待在家帶小孩，幾乎沒有社交生活，日子過得幾分抑鬱，直到孩子稍微大了些，我開始到宜蘭賣捌所打工，還記得因為封閉太久，上班初期與人對話、接觸都會緊張，還好後來認識了幾位磁場相近的朋友，就沒這麼寂寞了。

打工的同時期我也開始嘗試染布創作，當時阿丹投入天鼓製作，我們覺得植物手染與這個樂器的聲音質地應該很契合，於是我著手接觸植物染，並找爸媽討論車縫與布包結構，希望設計出專門攜帶天鼓的斜背包，也因為這份契機，

When do you feel happiest or most free every day?

Q・每天感到最快樂或最自由的時刻是？

A・不一定每天都有（笑）。但只要有時間踏上瑜伽墊練習，就能在自律中感受到自由和心流的滿足感。

後來慢慢接到一些訂單，我就辭掉賣捌所的工作，專心染布與育兒。

只是當時我們的婚姻有些狀況，幾個重複出現的問題難以解決，最終仍走向離婚。分開後，我獨自在宜蘭市租了一處空間，除了開設染布工作坊也跑永和社大授課。與此同時，我還觀察到宜蘭的藝文消費人口不像都會區這麼多，因此另外考取瑜伽證照，用不同的斜槓領域來降低市場風險。

雖然那兩年獨自在宜蘭的生活，內心常會感到脆弱，彷彿整座城鎮就自己孤身一人，但實際上，我好像是藉由這個機會在宜蘭扎根，無論是染布或是瑜伽教學，我都慶幸自己還有能力可以「給」，而那份「能夠給」的感受，對當時的我十分重要，直到現在偶爾想起那段孤獨卻深刻的時光，仍會帶給我許多能量。

歷經那段時間的自我沉澱，後來透過樂團圈的朋友介紹，我認識了現在的先生。他在台北從事室內裝潢，而我們兩個對生活的想像都比較貼近自然，因此在租屋網一看到這間

以植物作為染料，並以各類葉形印染出來的布料柔和美麗。

房子，就決定移居礁溪。這間透天老屋的前方是座魚池，裡頭有房東昔日放養的魚苗，現已長成肥滋滋的大魚；後方有塊小小的雜木林，我們計畫日後在林下養雞；老屋側邊還有一排覆蓋著青苔瓦片的豬舍，我先生將原本凹凸不平的水泥地面重新灌漿，目前作為他的木家具工作室，將來我們還想在這裡舉辦小型演唱會與市集，這一格格的豬圈就是攤位。我覺得住在這塊土地上，好像很多想做的事都會自然而然冒出來。

老屋側邊的露台是我的染布空間，一旁房東之前栽種的福木與七里香就是我的染材，最近還迷上做捲染，也是採自土地上的果樹與香草，讓圍巾印染芭樂、龍眼樹、芳香萬壽菊的天然葉形。在這裡生活，身旁所及盡是豐沛的動植物與盎然的生命力，常讓我感到滿滿的blessing！

搬來這裡，會很明顯感受到我們與環境是相連在一起的，

What object around you brings you the most comfort?

Q・身邊只要有哪樣東西存在，就能令你感到安心？

A・一塊小墨玉，始終放在我的錢包裡隨身帶著。這是在某年生日，兒子送我的禮物，還是他自己親手琢磨的喔！

比如早晨開門時一尾大蛇從腳邊溜過、在附近散步時遇到野生的白鼻心，又或者在春耕期間，可能因為臨田農藥，魚池突然出現大量魚隻翻肚，我們得划船到池面打撈、將魚屍埋葬。在這裡會練習到與環境中的各種生命相處，大至看得見、摸得著的動植物，小至廚房要用什麼樣的清潔劑才不至於影響魚池生態。

天然植物染材經過煮染萃取出大地色系的染液。

談到實際的生活開銷，這座老屋與周邊的環境腹地，租金一共兩萬六，對照台北隨便租個工作室就要三萬多，我們覺得這是能夠負擔的價格。作為宜蘭的移居者，我覺得只要保持原本在都市打下的基礎，不要斷了過往的累積，事業版圖可以往上延伸至台北、往下至花蓮，而這些移動的時間成本若對照美國動輒幾小時的計算單位，其實都不構成問題的。

剛搬來礁溪沒多久，我就發現自己懷孕了，然而我們很快有了共識，決定用「居家溫柔生產」的方式來迎接女兒。因此分娩當下，除了一旁有專業的居家助產士陪伴，女兒是由我自己接生出來、由先生幫忙剪臍帶。我想會有這份嘗試，可能是這個地方、這塊土地帶給我們的安全感與支持度有關。

回想七年前在醫院生子的經驗，妳會經歷剪會陰、環

境中各種吵雜的聲音，還有護士會用力壓妳的肚子，一切彷彿是醫生告訴我怎麼做，就完全依照指示，自己是沒有選擇權的，也絲毫不知道要爭取什麼。加上當時選擇施打無痛分娩，我盯著儀器上起起伏伏的宮縮頻率，明知道此時此刻寶寶正在努力，我的身體卻什麼也感受不到、無法和寶寶同步，那種感覺就像是我待在屋子裡，看著外頭風吹雨打卻與我無關，一切都過於置身事外了。

再一次懷孕，我很確定自己不想再經歷那段歷程，因此讓女兒在自家二樓浴室誕生，而產後的胎盤則被埋在屋後的大樹底下，我們用這個方式與大地連結，以此獻給保護我們的地方。

對照二十幾歲初次的育兒經驗，如今年過三十，人生再一次有了新的家庭與寶寶，我好像也透過這些年的經歷加總，緩步走向成熟。於是這一回不再像初次的育兒狀態那般匱乏無助，我逐漸體認到自己與寶寶都是獨立的個體，我充其量僅是帶她來到這個世界上的人，等她慢慢長大了會開創自己的人生，我們要保持健康、相互扶持，而非成為彼此痛苦的羈絆。

關於未來的想像，我們打

算在宜蘭再待五至八年，下一站預計前往台東。我爸是彰化人，媽媽則成長於台東長濱，在我小時候的記憶中，每逢寒暑假，總是有位親戚會負責拎著我跟表哥表姊從台北搭車回長濱，然後外婆就會帶著一票屁孩上山下海、去溪邊、去田間。這幾年媽媽從台北正式返鄉定居，我們之所以決定將來要遷居台東，一方面也是希望能夠就近陪伴她的晚年生活。

但我們也明白，台東是一處更野、更原始的地方，那是一塊需要與蜂、與蛇、與萬物共存之地，需具備更多的技能，野草會一直長，也需要更勤快的勞動才能運作生活上的各種

Q．如果把移居的過程比喻成一首歌或一部電影，那會是什麼？

A．1976的〈壯遊前夕〉。歌詞描述了旅行前的輕快與滿懷期待，略帶激昂的旋律，也與自己這十年來在這裡生活的故事起伏相映。

If immigration could be compared to a song or a movie, what would it be?

土地的溫柔力量與滋養，讓亞萱開啟人生更多的可能性。

面向。我們深知現階段的自己尚未準備好，而此刻的宜蘭就像是一處介於文明都市與自然曠野的地方，一處剛剛好的地方，讓我們能在此小練一番。

再加上我與先生都還有前一段婚姻各自的小孩，現在每逢週末孩子們會來這裡度假，這片土地正好提供了平常身處都市的孩子們，一處能夠自在探索的鄉野環境。或許再等個幾年，當孩子都大到能自己搭車來台東找我們的時候，就是前往人生下一站的時機點了。

Have you discovered any new favorite foods or dishes?

Q · 移居之後，有新喜歡上的食物、食材或料理嗎？

A · 在宜蘭漸漸接受甚至喜歡「麻醬麵」。以前滿討厭吃花生的，但現在可以欣賞宜蘭各家麵店，不同的麻醬麵風味～

What was the most difficult item to part with?

Q · 移居過程中，曾捨棄掉哪個最捨不得的物件？

A · 不是物件，而是從小養起的貓咪。移居宜蘭時，當時將她留在老家給家人照顧了。但在她離開地球前，有把她接來宜蘭，相伴了最後的時光。

開店成為一家人再次移居宜蘭舊城區的契機。（圖片提供©陳亞萱）

實踐移居多年後的她……

採訪時間：2024年3月14日

曾在礁溪那座被樹林及魚池環繞的透天屋裡，採用居家生產的亞萱，如今與先生耿銘、女兒菓菓再次移居到宜蘭舊城。舊城老屋的一樓是夫妻共同經營的「邂逅街」冰淇淋店，樓上則為住家起居，兩種生活，無論是鄰里環境、工作型態，皆迎來了一百八十度大轉變。

從寧靜的日子復甦萌芽

在礁溪的時期，育兒及瑜伽構成了亞萱生活的主旋律，由於後期遇上新冠疫情延燒，加上菓菓年紀小，亞萱將實體瑜伽課轉型為Podcast，分享各種冥想引導的主題。彼時的生活，春風和煦、泥地溫柔，菓菓常在院落撿拾花草、種籽與樹枝，或與家裡的貓狗玩耍，獨門獨院的老屋附近沒有什麼鄰居，亞萱笑說：「就算沒有疫情，在那裡的生活也頗有居家隔離的意味。日子沉靜，很適宜整理心緒。」

當時仍在台北與礁溪兩地工作往返的耿銘，偶然在宜蘭市區的舊城巷弄遇見了心儀的三角窗店面正在出售，一時之間各種關於建築設計的想法在腦海湧現，他將這座空間改造為自己的作品。後來向朋友請教，決定開設冰淇淋店，於是從零開始，尋找地方食材、研發口味、投入製冰技術、品牌發想與宣傳，亞萱也從原先寧靜的日子喀喀喀地運轉了起來，新一次的縣內移居與創業之路就此展開。

踏入緊密節奏的舊城歲月

宜蘭舊城的歷史悠久，走過了清代、日治時期、光復後不同的發展階段，許多店鋪挨著住家比鄰而居，巷弄多半細密而狹窄，因此當「邂逅街」在店面裝潢時期，每日進進出出的貨車、拆除後暫放在騎樓的建材，或請台電人員前來裝設三相電等繁瑣工事，在那些世居於此、日常生活幾乎波瀾不驚的老一輩住戶眼中，等同是極大的變動。

所幸，時間能淡化一切，歷經一次次的磨合、溝通，街坊鄰居好似也習慣了新事物的到來。如今，隔壁的阿伯開始會主動跟他們點頭打招呼、住巷尾的年輕女生會來店裡串門子聊天，菓菓除了時常到隔壁印尼餐廳與大她幾歲的小哥哥一起

圖片提供©陳亞萱

玩，店裡熟客的小孩、天使姐姐型的客人也都能是她的玩伴。亞萱還記得剛開店的時候，菓菓時常會黏著站在收銀台前的她不放，但孩子適應得很快，現在這間店彷彿就是她的交友場所，幼兒園的同學們假日還會跑來店裡找她。

亞萱與耿銘最初在獨立音樂圈結識，藝文氣息濃厚的兩人因為開店的契機，逐步走訪了宜蘭在地友善種植茂谷柑的「土拉客」、員山二湖栽培土鳳梨的農友、枕山種植紅心芭樂的阿伯，以及集結小農物產的地方商鋪「深溝共同店」，藉由產地拜訪的過程，更加認識宜蘭的風土氣候，也意外跨出同溫層。

三十歲的成熟，是坦然接受當下

從那座宛如世外桃源的礁溪院落，移居至人聲鼎沸的宜蘭舊城，亞萱一開始對「聲響」格外不習慣，由於佛光大學供給外籍學生的宿舍就座落附近，有時即將入睡之際，耳畔卻傳來學生夜歸時在街邊愉快哼唱的中南美洲歌曲。

度過了轉換期，現在的她已逐漸適應舊城生活，被問及「喜歡礁溪還是舊城多一些？」亞萱認為，端視個人不同階段的需要。在礁溪的日子愜意舒服，但由於相對出世，偶爾也會覺得與許多人的生活幾分脫節；而在舊城，採買、辦事、外食都很方便，對於時間更有掌控感，然後每週開店都能遇見許多同質性高、頻率相近的客人，透過彼此的分享，對於品牌的經營走向也能汲取諸多靈感，是一種更接地氣、更具衝勁，彷彿方方面面都運轉起來的狀態。

亞萱坦言，過往在台北的時期曾協助朋友開店，深知創業的艱辛之處，因此一開始對於先生決定要開店的想法有些抗拒，甚至一度覺得自己被店務瑣事拖住了，難以全心投入熱愛的瑜伽事業。但如今她看待開店的態度有所轉變，她想放下心中的疑慮及恐懼，願意去相信自己其實能做到很多事，更期待在創業這件事情上，自身能發揮到什麼樣的程度。

移居宜蘭已十多年，人生階段從二十代來到三十代，年輕時期的她信奉及時行樂，每每遇到挫折就想回到從前，從前那些無拘無束的日子，好似活成一個沒有接收當下的人。這些年，亞萱自覺身上扛了更多責任，開始學會喜歡每一個現在，即使遇到困難也會感到痛苦，卻變得有能力去處理這些痛苦，用不同的角度去欣賞此時此刻的生活，或許這是時光流轉，歲月所帶給自己的禮物。

陳亞萱的移居前後

DATABASE

圖片提供©陳亞萱

	移居前		第一次移居		第二次移居
居住地	台北市區。	→	宜蘭礁溪。	→	宜蘭市區。
家庭結構	1人。	→	3人 （夫妻、一個小孩）。	→	3人 （夫妻、一個小孩）。
住處	租公寓， 台電大樓捷運站附近。	→	礁溪租屋： 2層樓透天老厝+ 魚池、樹林、 舊豬舍。	→	宜蘭市購屋： 3層樓公寓+倉庫， 1樓爲店面。
交通方式 & 移動範圍	捷運、公車， 從台電大樓移動至 圓山站一帶。	→	汽車、電動機車， 從礁溪龍潭村 移動到宜蘭市區。	→	汽車、電動機車， 多在市區內 不同地點移動。
工作模式 或 收入來源	亞萱|藝文空間的 活動企劃&行銷宣傳。	→	亞萱|經營手染品牌 與瑜伽教室。 耿銘|往返台北， 從事建築空間設計。	→	亞萱|經營「Me Time Yoga」瑜伽好朋友，與飯店、健身房合作團體瑜伽課，並在家中進行一對一瑜伽教學；與耿銘共同經營「邂逅街」。
鄰里關係	無往來。	→	附近空曠， 少有鄰居可以往來。	→	與部分鄰居有互動， 孩子們會玩在一起。
興趣	參與音樂表演、 藝文活動。	→	在家從事創作、 看電影、 田野間散步。	→	做瑜伽、 河濱公園散步。

花時間，體會家的方向

鳳珍＆弘懋一家人

文字—詹芯佩
攝影—李忠勳

CASE 09

台北淡水→台東長濱→台東延平

移居不只是從這裡到那裡，翻開沿途發生的風景，現實面諸多震盪，讓人在調適中做決定、也在決定中調適，那並非單一的取捨。從移動到定居，三年後再度遷移，經歷了漫長的尋找與釐清；回頭最終發現，只要四個人的心是確認的，起起伏伏都是通往更好的過程。

從淡水到台東，鳳珍對花藝與陶藝創作的喜愛沒有間斷過，持續經營「茉莉花園」品牌。

鳳珍＆弘懋一家人

住到面向大海的長濱，再搬至群山環抱的延平，是由於她的堅持加上他的自由。過程中凝聚彼此，感受時間，更深地與土地創造關係，家中成員除了兩個孩子，還有一隻狗、一隻貓、很多隻魚。

我們是從這裡開始的……

告白時間：2022年1月21日

弘懋：我從小在板橋長大，大學刻意填了一個離家很遠的屏東師範大學，畢業以後去桃園拉拉山代課抵實習，取得合格教師證就分發到澎湖七美。我覺得自己有機會的話，就一直在選擇逃離都市生活。

2006年結婚之後，淡水住了十多年，直到2020年搬到長濱為止。平時，我的工作和孩子上學在同一個國小，放學之後老婆會煮晚餐，偶爾品嚐淡水好吃的小吃；而假日常去山上或海邊，有時侯野餐。淡水對我們來說，都很舒服愜意，可以說是和家人擁有美好回憶的家鄉。

鳳珍：大學畢業後，我搬到淡水，在這裡住了二十年。淡水的夕陽很美，經常變換著各種不同氛圍的落日晚霞，河岸是偶爾散步的地方，老街菜市場則是日常採買的去處，生活裡有很多的新舊雜陳；一家四口是喜歡淡水的，同時也很喜歡在假日離開淡水。

Q · 開啟或結束每一天的儀式感？

A · 鳳珍：早上帶狗狗摩卡出門散步，晚上睡前看一點書。

What rituals do you have to start or end each day?

而平時我喜歡花草、植物，在育兒的這些年裡，做花藝、也接觸陶藝，教學、擺攤成為和人交流的方式，有段時間到三芝的市民農園學習種菜。

鳳珍：2015年，在大兒子念小學之前，漸漸有了搬家的想法，考慮孩子們的成長環境，很自然接下來的去處不是都市。因為我是在澎湖長大的，知道土地和人的關係有多重要，比起一直住在大樓裡，更希望「腳踏實地」的生活著，可以跟土地更靠近。

而關於移居的契機，其實沒有發生什麼特別的事，比較像

家門前的鞦韆。

Which corner or area makes you feel most relaxed?

Q · 現在居住的地方，哪一個角落或場域令你感到最放鬆？

A · 弘懋：我最喜歡客廳落地窗外的簷廊，它面對著我們的花園，花園裡種了很多樹，圍繞著一小片翠綠的草地，背後襯著遠山，有時充滿陽光，有時雲霧飄渺，有時出現彩虹；最喜歡坐在簷廊，慢慢地捲一支煙，將工作一天的疲憊，吐到空中。

是一杯水慢慢注滿，全滿了開始外溢，我知道時候到了，當一切醞釀到一個程度後，改變自然而然的隨之而來。

弘懋：當時討論到移居，就讓我連結到之前的經驗，來長濱以前任職學校在淡水，距離上次偏鄉教學已經是二十年前，拉拉山和七美的學校生活，帶給我很大的影響。

而鄉村裡老師的流動率依舊高，大家也都有家要回，我就想既然我們喜歡這樣的環境，何不來偏鄉當個穩定的老師。現在來這裡教書一年多，目前擔任專任老師，可以陪伴到幾乎全校的孩子，覺得滿好的。

鳳珍：我們不是很計畫型的人，起初差一點就要住在金瓜石，那是一棟喜歡到回家後，就想著怎麼買下來的房子，可是很奇妙的，過程經過和朋友討論、弘懋突然參考起風水，第二遍再去一趟，發現心情降溫一大半，也沒有之前的心動。

就從這裡經歷了整整四年，中間看了包括宜蘭、花蓮、台東、東北角附近，但是都沒有像金瓜石那次的衝動說：「就是這裡了。」這些發生像是一步步自我釐清的過程，一開始沿著台十一線，看見插牌寫著「售」就去看了，但是實際進入，才會知道什麼可以、哪些不行，比如，原來馬路邊我沒有辦法，透過這樣也對自己、彼此產生不同的理解。

又一次去都蘭看一間農舍，前一天入住的民宿主人也是移居者，他們說到果園用藥的問題，結果隔天進到那塊土地之前，路上看見明顯的除草劑痕跡，尋找過程都有許多「提點」在裡面，會提醒你還不是這裡。

弘懋：起初想要買地蓋房子，由於希望孩子在自然環境長大，多少隨著時間有點壓力，那幾年鳳珍的身體也出現狀況，一開始是哥哥準備升小學，當時決定不了，我們就想放慢步調、順其自然，當哥哥一路念上三年級的時候，妹妹正要上小一，整體狀態又來到鳳珍說的「不動不行」的時間點，我就提議說，不然先找到地方用租的看看。

移居的過程裡，弘懋開始學習薩提爾，慢慢打開內在，更明白如何與自己、與孩子共處交流。

兒子明夏從一開始的不適應，漸漸喜歡上台東，也變得更開朗了。

記得學校申請調動前，找房子的最後一趟去到池上，車子從玉長公路開過來感覺好開闊，是這時候發現，從小曾經想住在靠海的地方。

鳳珍：我們雖然不刻意，卻也像是被牽引著。那時候淡水住了好多年的家，在一次找房仲看屋的過程中，聊到這樣的移居想法，就聊到或許先把房子賣掉更有行動力，沒想到房子飛也似的賣掉了，快得我們有點措手不及。

又一年後，我們決定移動，從確定想法到落腳台東長濱，大約是三、四個月內的時間完成。

我想進到山裡，因為海對我來說是熟悉的，而在長濱有山有海，所以就把這裡填作第一志願，在這之前還沒有確定住的地方，實際來才發現房子很不好找。

前年五月底、六月初，規畫四天三夜來找房子，直到第三天都沒有收穫，心裡開始焦慮，索性就在在地社團發文，沒想到回台北的這天上午，遇到這裡的村長帶我們看現在住下來的家，覺得他的出現，也是一種注定的安排。

鳳珍：環境對我來說，就是慢慢認識、慢慢進入，然後同

女兒知夏本來就外放的性格，很快就適應了新環境。

時去理解自己與地方的磨合到哪裡。來到長濱後，孩子的適應是最大考驗，畢竟他們在都市生活、唸書一段時間了，學校跟生活環境的變化在實際面臨後，產生的衝擊與心理壓力漸漸顯現出來，我們花了好長一段時間，在這些衝擊裡，發現狀況、面對、陪伴、調適，原來這裡面有好多的不容易啊！

弘懋：第一次來找房子的時候，哥哥很開心就將車窗打開，把手伸出去摸摸樹葉，結果整個手掌裝滿了黃藤刺，他的臉色發白，我們就慢慢幫他挑掉；對哥哥來說，都市生活影響他很多，衝突跟反差是更大的，個性當然也有關，妹妹比較外放在這裡就很自在。

以前常去露營，以為那是在自然中生活，其實很不一樣。來之前以為住在海邊，就是每天看海，真正生活在這裡，旁邊又有很大的土地，自然會想要往外走，也有很多事情可以做，比方說除草、修繕，都會變成生活的一部分。

鳳珍：台東土地真的滿野的，在環境中的動植物多樣性比想像中多滿多的，沒有想到蛇就在門口，摘個芒果也被蜂

移居後多了許多動物夥伴，光是雞就有十五隻之多。

談起移居前後的改變，鳳珍笑說自己從白髮一些到白髮一堆。

螫到，搬來沒有多久，在雞舍後面看見食蟹獴，晚上不管四季隨時聽見各種昆蟲聲，我們家也看過山羌、竹雞等。

弘懋：去年接觸「薩提爾模式」，搬到長濱和這份學習是同步發生，剛好也變成內在的互相支持；以前不知道怎麼跟孩子相處，最多當個大玩伴、玩桌遊，真的是移居到這裡把心打開，也由於學了薩提爾，我知道需要好好照顧自己，那跟孩子的關係、交流也會不一樣，才重新理解可以怎麼當爸爸。

鳳珍：前半年一直處在遷移的震盪當中，自己想做什麼是被擱著的，起起伏伏的過程很辛苦，得一件一件面對，不是每一件事情都能如願，不能被解決就必須選擇，這中間也幫助我釐清要堅持什麼、協調什麼、可不可以接受什麼，是很複雜的過程。

弘懋：我在長濱更開放、更自由、更做自己，之前孩子不適應、工作不如意難免會懷疑，可是現階段知道這個決定是對的，只要核心確認在我們四個人，就有信心一起往前走。

前陣子我們在外面打籃球，哥哥就說：「爸爸，我覺得住這裡也滿好的。」當妹妹也講

If immigration could be compared to a song or a movie, what would it be?

出類似的話語時，心裡的石頭才放下來。

鳳珍：來之後態度變得很開放，如果真的活不下去或是不適合，那再移動啊，回到原來的地方都是可以的，並不是說我離開了，再回來就是一種失敗或挫折。

從來不覺得移居是多美好的，在哪裡真的都好，重點是你比較想在哪裡，你適不適合在那裡，朝著那方向移動就好，如果今天是從長濱到淡水，不好嗎？我不覺得。

弘懋：移動很大的關鍵在於鳳珍，老實說我都還好，以前覺得可以住花東很好啊，但是要移動有點懶，如果兩條路都會抵達終點，我選輕鬆的走，那她會選辛苦的那條，現在自己則有些轉變，覺得比較辛苦

Q・如果把移居的過程比喻成一首歌或一部電影，那會是什麼？

A・弘懋：我們的移居過程很像一部公路電影。就像《白日夢冒險王》裡面的男主角，勇敢的跨出舒適圈，踏上探索的旅程，也許有一天，就能完成自己的夢想。

When do you feel happiest or most free every day?

Q・每天感到最快樂或最自由的時刻是？

A・鳳珍：扭開音樂，沉浸在一個人的創作時間裡；或是遊走在花園，整理花草樹木的時刻。

的路可以試試看，這種感觸是以前沒有的。

鳳珍：我的理想狀態是孩子念完高中再離家，也想尋找更能進入山的方式，還是會帶著這份期待，繼續感覺各種可能性。

圖片提供© 鳳珍&弘懋

實踐移居多年後的他們……

採訪時間：2024年2月23日

家的方向，以四個人的共同創造為導航，繼首次採訪後兩年又三十三天，弘懋和鳳珍在另一個充滿可能性的地方——延平的家，和我們約訪。

這是在時令大寒之後、驚蟄之前，天地佈景開始更迭，蟲兒生靈將有更多活動參與至生活的季節，而這一家人，也剛剛迎接了一片受到祝福的土地，依然保持著一貫的開放心胸，準備和這裡投以長遠歸屬的盼望，原來自台北移居東邊之後，已經順著引領來到可以安心長根的地方。

新的契機浮現，一切宛如水到渠成

長濱的家租約快要到期，弘懋於三間國小服務滿三年可以申請調職，大孩子即將進入國中階段，各方面都顯示著這是一個轉換的機會，也因為時序週期的推移，積極地尋找適合再次移居的空間。

那是2023年的二月，弘懋按平常規律到學校上班，鳳珍則每天給自己一個任務，至少要有十分鐘的時間，讓自己看看租房網站裡，有沒有符合下一個落腳處的消息。

「這裡就是茉莉花園啊。」前一天，卸下家務和創作的晚上，偶然在租房網站中看見一筆剛剛更新的資料；而這天，他們是房仲的第一組約看者，朋友陪伴鳳珍一同前往，看完以後他這樣說。

很快地提出斡旋之後，弘懋看著熟悉的地主名字，牽起兩年前因為薩提爾模式（Satir Model）學習的聯繫，這是當時少數和對方留有LINE的學伴之一，隱約記得他在延平有一塊地。兩人分別用不同的話語來表示：「這是一種註定。」「都是被安排好的。」成交後開始整理，一切開展的彷彿拼圖來到畫面終章，一塊又一塊地接連鑲嵌著，沒有拖泥帶水。

學習再次扎根，更加認識自己的過程

遷移到長濱三年，搬到延平若以實際入住的時間為計，至今大約快四個月。由海線來到山線，於山於海有不同的風土景象，連帶地吸引了不同樣貌的在地性情。鳳珍說：「長濱是一個接住我們的地方，當我們從台北抵達一個陌生的環境，那裡給出一個安定感；延平對我們來說是一個『開拓』，開拓同時進入地方，讓我們可以落地生根。」

知夏很喜愛小動物，特別是貓咪。
（圖片提供©鳳珍&弘懋）

在長濱，人際社群以綿密而自然的網絡交織在一起，人和人之間不需要刻意，如果真要形容，閩南用語常見描繪植物根系蔓延的「湠」（thuànn），很能勾勒這樣的生動，多元而流動如海的融合；在延平，呈現另一種如山峰之間彼此尊重獨立的空間，也由於地理形塑出來的靜定，初步感受關係的連結較為隱匿、收斂、是需要主動拓荒的（同時人們也順性發展），目前慢慢和不同的移居者發展出新的來往和友誼。

回顧前三年，是一段認識、尋找、卸除、再回到自己的過程。「有三年住在海邊的體驗，會覺得現在住在山邊也很好。」當時搬家鳳珍想往縱谷去，而弘懋喜歡海更勝於山，他說有了這樣的移動銜接，沒有遺憾了。

當時為什麼來到台東？也許兩年前的訪談時，還不是這麼明白，現在回頭看才覺得比較理解。「你需要被打開，需要放下一些什麼，也唯有這樣才能看到更加『自己』的樣子。」兩個地方之於鳳珍來說，像前後階段的必然。「台北的自己」包裝比較多層、「長濱的自己」則是脫下社會化裝載的歷程，儘管這些自己都是真實的，然而實際經歷一回，可以沒有包袱地靠近自己的真實和渴望，讓身心合在一起，是感謝也是值得。

問起是什麼讓你們決定就是這裡？之於多數人，通常經過分析、盤算或總有一些關鍵因素，沒有意外地——「直覺」，是他們樂此不疲「和自己校準」的探索中，最值得依賴的實務經驗。

延平這塊地多麼難得，是人與大地互相照顧的棲身之地。前地主是樸門（permaculture）永續生活／農耕設計的實踐者，走進來有各式各樣的樹木與花草，植被的多樣性和茂盛程度足以為豐盛代言；離台東市半小時的車程，是孩子們高中前不這麼快和家分離的重要期待，緊鄰著山稜，剛剛好僻世與入世的距離。

四個人相互支持著，一起構築家的樣貌

兩個孩子在這次訪談的過程中，他們都是全程在場的，弘懋和鳳珍訴說這段經歷的時候，兒子穩定的陪伴與閱讀、女兒偶爾來打聲招呼，如同這趟搬遷的種種決定，深植於四個人的凝聚和參與。

「我們終於要有自己的家了！」孩子興奮地置身其中，目前仍是尚未完工的狀態，關於生活環境的改變，更多的是他們的意見或憧憬可以被實現。妹妹知夏的堅定是要有浴缸、哥哥明夏則想要一處樂高的擺放空間，和以往不同的，是各自都有獨屬的祕密基地，兄妹倆房間逕自長出的閣樓、穿梭在家屋簷廊前通往自家森林的方向，乘載著青少年醞釀至下一個熟成的創意及夢想。

在弘懋與鳳珍一路朝向建立家園的落實中，如何寬心的面對挑戰，如同去年九月房子結構重新裝修的時候，一方面體會著海葵颱風帶來的不安、二方面願意納入泥作師傅的建議：「不要過度保護、也不要封閉，維持讓風進來，也讓風出去。」生命沒有非得要如何，目前已經沒有再移居的計畫，同時不變的願望是處在流動並活在當下，保持敞開依然是他們對未來的應允，只要走向的是一致性的自己。

鳳珍＆弘懋一家人的移居前後

DATABASE

	移居前		第一次移居		第二次移居
居住地	台北淡水。	→	台東長濱。	→	台東延平。
家庭結構	一家四口（夫妻、一對兒女）。	→	一家四口（夫妻、一對兒女）、多名動物夥伴（一隻狗、兩隻貓、四隻倉鼠、十五隻雞、很多隻魚）。	→	一家四口（夫妻、一對兒女）多名動物夥伴、（一隻狗、一隻貓、很多隻魚）。
住處	公寓自宅。	→	獨棟透天（租賃）。	→	獨立房舍、農地。
交通方式＆移動範圍	公車、捷運、自駕。	→	自駕、火車。	→	自駕、火車。
工作模式或收入來源	弘懋｜國小教師。 鳳珍｜花藝創作、花藝課程。	→	弘懋｜國小教師。 鳳珍｜花藝創作、陶藝創作、陶藝課程。	→	弘懋｜國小教師。 鳳珍｜花藝創作、花藝訂製、陶藝創作、陶藝課程。
鄰里關係	朋友之間的串連，相較鄰里之間的串連多。	→	朋友和鄰居之間的串連較一致。在地鄰里爲阿美族族群。進入當地沒有太多違和，人與人之間連結緊密同時開放，社群也特別互助。	→	朋友和鄰居之間的串連較一致。在地鄰里爲布農族族群。從孩子到學校融入社區網絡、亦從參與活動與各地移居者慢慢認識、介紹彼此，一切順其自然。
興趣	弘懋｜閱讀、電視、電影、音樂、撞球、籃球、羽球、畫畫。 鳳珍｜花藝／陶藝創作。 明夏｜看書、畫畫。 知夏｜逛老街。	→	弘懋｜閱讀、電影、音樂、散步、畫畫。 鳳珍｜花藝／陶藝創作。 明夏｜看書、畫畫。 知夏｜手作、騎腳踏車。	→	弘懋｜閱讀、電影、音樂、騎單車、泡野溪、除草。 鳳珍｜更能實踐、擴展原有興趣。 明夏｜看書、畫畫。 知夏｜手作、騎腳踏車。

讓下一代的成長記憶裡
有風、有土香、有濃濃的人情味

移居，有些人是為了自己，有些人是為了心愛的人，
希望孩子能從小親近土地、在物種豐富的自然環境中成長；
一家人生活在擁有相同價值觀的社群生活圈，
讓地方的人情風土一起陪伴孩子們長大。

這是社區店獨有的樂趣，你會知道每個來到店裡的人是誰。
我們好像與地方一同生活、成長，看著孩子一路變化。

——CASE 12 小寶一家在地方開麵包店的故事

插畫©傅文豪

自給自足帶來的滿足感，沒有任何事物可以取代

因為受到自然的呼喚和吸引，
離開城市、進入鄉間，而這僅是開始。
有一群人試著以自然建築法自建家屋、用最友善環境的方式耕作、採集，
在一塊土地上達到自給自足的平衡狀態，
萬生萬物，取之大地，還於大地。

移居前的收入很單一，以為自己能做的事也很單一，
如果我還是一個都市裡的上班族，永遠不可能知道這些。

——CASE 16 柏宏與大膽移居鹿野從農耕作的故事

插畫 © 傅文豪

CHAPTER 3
從一個人、三個人到一群人，在社群裡一起生活

。共享空間。

。扎根聚落／社群。

插畫©Jojo Chiu

在有樹有溪的小屋，擁有真正的自由

任以真

文字—吳宣萱（告白篇）、李怡欣（探訪篇）
攝影—林靜怡

CASE 10

高雄市區→花蓮光復→花蓮壽豐

從絕不錯過百貨週年慶，到絕不錯過孩子成長的每一刻，心中的「富有」，被白鮑溪的清澈水流淘洗翻轉。移居花蓮後，以真隨著時間敞開心胸，才發現處處是無價之寶，產季時有吃不完的蔬果、夜晚家門前就有螢火蟲……，在這裡的生活，如同躺在狗窩裡和愛犬一同看星星的孩子一般，是那麼的「樹溪」（sù-sī）。

以真從做肉桂捲開始投入烘焙。堅持使用台灣本土麵粉及自家山泉水製作。

任以真

樹溪小屋主人，在白鮑溪旁與一枚小孩、三隻狗、三隻貓，還有一隻鴨、兩池魚與一名室友，一同在有樹有溪的小屋裡踏實生活，練習著收取與給予的平衡呼吸。

我們是從這裡開始的……

告白時間：2021年3月10日

那天我在院子晒衣服的時候，站在草地上看著山，白鷺鷥飛過去，白鮑溪的流水聲環繞，狗和小孩在旁邊跑，我忽然覺得，天哪！我是全世界最富有的人！這在十四年前剛嫁到花蓮，或是三年前還在光復經營民宿的時候，完全不會想到，我可以因為這些「真實」，感到那麼踏實滿足。

我以前完全是個City Girl！在高雄市區長大的我，物質上一直是不虞匱乏的孩子，結婚之後搬到花蓮，每次回高雄就是用購物填滿各種物質欲求。

那時先生笑說，他對高雄最熟悉的，就是知道去哪間百貨公司要從哪個捷運站的哪個出口過去。我在台中念大學的時候認識我先生，畢業之後一起在補教界教英文，先生在光復的家庭也是經營美語補習班，回家接管事業是自然而然的事情。交往前曾跟他回過老家，還記得那時從台中開車到光復，從清晨開到夜晚，中間還爆胎！就想著我再也不要來花蓮了！但我還是在二十四歲的時候結了婚，跟他一起回鄉生活，在夫家的補習班工作。當時很年輕，覺得只要有愛，跟著這個人去哪裡都可以。

剛搬到花蓮的時候，我還是那種百貨公司每年兩檔特賣

小屋外就是白鮑溪，水質乾淨無污染、草木繁茂，夏季入夜時有滿滿的螢火蟲。

Q・移居之後，有新喜歡上的食物、食材或料理嗎？

A・簡單的好食材，不複雜的調味做的料理，特別是蔬食。

會絕對不錯過的人，但那時候光復不要說百貨公司了，連便利商店都只有一間，我時常會跑去那裡感受一下「都市氣味」，也維持著每半年回高雄一次的頻率，繼續做個遠距離的都市女孩。大概過了5年，我發現自己在高雄的時候居然一心想要趕快回花蓮。

我發現自己變了。在花蓮乾

Have you discovered any new favorite foods or dishes

When do you feel happiest or most free every day?

以真帶著共學園的孩子們上英語課。

淨的空氣裡，我的生活步調變慢，相對之下，像是高雄那樣的城市，身邊的人太多、轉速太快，眼睛要看的、腦袋要接收的東西都太多，人會變得很累。放假時，只有進入大自然裡我才能感到放鬆，那一刻我明白，自己也被花蓮的土黏住了。

但真正的轉變是在有孩子之後。原本我對生孩子有很大的疑慮，因為自己站在教育的現場看得太多，我不知道要把孩子放在這個世界的哪裡。直到我弟弟的孩子進入華德福的幼兒園就讀，我們去參加畢業典禮時，看著素顏純淨的孩子被老師牽上彩虹橋，在橋的頂端，孩子放開老師的手，自己走向另一頭等待著的爸爸媽媽，沒有濃妝豔抹、沒有彩排表演，每一個小孩的姿態、眼神，都顯露了最真實的成長樣貌，我們才知道原來可以用這種方式陪伴孩子長大。

於是在成為花蓮媳婦的第六年，兒子蹦米兵來到我們的生命之中。在他兩歲的時候我

Q・每天感到最快樂或最自由的時刻是？

A・有太陽可以洗衣服、晒衣服的時候！！看到園子裡各種不同時節的花輪流綻放的時候！還有煮好晚餐大家一起大聲用日文全力吼出「開動！」的時候。

們買了一棟三層樓的房子，將其中一層樓轉做為民宿，取名為「樹溪小屋」，因為我希望來到這裡的人可以感到很舒適（sù-sī）。沒想到這個名字在五年後跟著我，真的搬到有樹有溪的小屋。

光復是個小巧可愛的城鎮，人和人的距離很近，有一次朋友來找我，不知道我家地址，便在路邊隨便問了一個人「那間美語補習班的媳婦現在住哪？」居然就找到了！而跟夫家一起居住的十年間，我也真的就只是他們家媳婦，在買自己的房子之前，我們夫妻倆住在婆婆家中的一間雅房，出門不需要帶錢包，因為要買什麼都跟先生請款就好，久了，連提款卡的密碼都忘記，也漸漸忘記自己。

蹦米乓一歲半的時候，在網路上看到有位媽媽在找相同理念的人，一起以華德福教育的方式共學，於是我們每週一次會從光復開四十分鐘的車，到壽豐參與共學團體。組成成員對世界有著不同的觀點與視角，認識他們讓我好像被「開天眼」了！

我在搬來花蓮將近八年之後，才開始結交新的朋友，成員們不只讓我理解當今社會正在討論的議題，也讓我學會細細觀看自己內在的感受，不再把不開心當作是生命的功課、必須背負的十字架，我也才正視自己和先生對於未來規劃，有著無法填平的落差，於是我們走到了婚姻關係的瓶頸。過程中少不了綿密的溝通與爭執，在我極需離開緊閉的生活空間、喘息之時，現在的室友

共學園的農耕課，孩子們搬著秧苗準備去插秧。

那時在吉安的家，便成為我的避難所。

和現在的室友熟稔起來之後，大概一週會帶著蹦米乓到她們那裡住兩天，心情癒合後，再回光復繼續試著維持一段走到盡頭的關係。有一天一位室友說：「妳就搬來我們家住啊！大不了就一起養小孩！」這句看似玩笑話的提議，卻給我離開光復的勇氣。於是兩年前，我和蹦米乓離開光復搬進了她們的家。室友們給我的支持與給蹦米乓的愛，讓我一直很感激，蹦米乓有時會說，他有好多個媽媽和好多個家！

去年二月中，我們三個女生聊著夢想，既然有人會拍照、有人做烘焙，還有人能教瑜伽，是不是可以找個空間做為共同生活與工作的場所。隔天，室友因為工作關係得知壽豐白鮑溪附近有一塊地，離蹦米乓共學的學校只有五分鐘車

程，因為老人家過世閒置，後代想要找人來照顧這間老厝，正在苦惱去哪裡找好房客。我們三人連來都沒來看過，就立刻說我們要租！大約一個禮拜的等待實在很忐忑，因為屋主很擔心這樣「原始」的地方，有蛇有老鼠有山豬，四名婦孺有辦法在這裡生活嗎？

最終屋主同意將屋子租給我們，我們花了好大的力氣整理房舍，就這樣，「樹溪小屋2.0」就在有樹與溪與愛的環繞下開始。在光復時原本有個很夢幻的廚房，那時我以為人生已臻完美，所有的家具、用料，都是以在那邊待上一輩子的心態去挑選。

現在的廚房在另一棟屋子，煮飯需要經過院子大大的茄苳樹，但下雨倒也不用擔心，因為大樹有很好的遮蔽。烘焙麵包的空間則是在生活起居的這一棟，用來和麵粉、揉麵團的大理石檯面，來自朋友家被大地震震斷的廚房，室友將不完整的石板以木材補齊缺失部分，成就了完善穩固的麵包檯。也許現在的廚房不若在光復時的夢幻完美，但在這裡做麵包卻更開心，因為我在這樣的廚房裡實現夢想，也擁有真正的自由。

動物家人們每隻都有固定吃飯的位置。

Which corner or area makes you feel most relaxed?

Q・現在居住的地方，哪一個角落或場域令你感到最放鬆？

A・鋼琴前。

What was the most difficult item to part with?

Q・移居過程中，曾捨棄掉哪個最捨不得的物件？

A・舊的不去新的不來，雖然當下會捨不得，但知道這些東西都會用不同的形式和方法回到我身邊。

不只是我，孩子也更自在了。做媽媽最在意的就是孩子打擾到別人，之前經營民宿時怕吵到客人，早上起床，我都會要兒子安靜一點；後來搬到吉安，室友都是年輕的單身女性，不像我們母子有著早上六點半就起床的作息，我也總是叫他要「噓～」。現在住在這裡不怕吵到人，每天早上蹦米乓就會大聲喚著他的愛犬「旺旺！仙貝！」作為一天的開始。我們彼此的心情都放鬆許多，不到半年，他的胸就變厚，肌肉也更結實。

蹦米乓今年要滿八歲了，有時我也會想，他會不會羨慕別的小孩有什麼他沒有的，有天試著問他，他回答「我覺得我現在這樣就很好了。」他每天會自己找事情做，劈竹子做陷阱、找材料生火烤地瓜，對他來說，住在這裡很享受，在室內磨磨他的種籽，磨膩了，就去外頭釣釣魚，釣累了，就進廚房幫我做晚餐。他的節奏有呼、有吸，自然地找到最舒服的狀態。

有時候會覺得現在生活的環境，實在太夢幻卻很真實！一回頭，翠鳥又在等魚吃；晚餐吃完，屋子外被螢火蟲包圍！這裡生產豐盛，有香蕉、芭樂、木瓜、枇杷、梅子可以分

Q．如果把移居的過程比喻成一首歌或一部電影，那會是什麼？

A．〈Simple gift〉，裡頭有句歌詞是「And when we find ourselves in the place just right, will be in the valley of love and delight.」。

If immigration could
be compared to
a song or a movie,
what would it be?

室友從溪裡捕上來一隻大魚。大家一起生火烤魚、烤地瓜，就是豐盛的一餐。

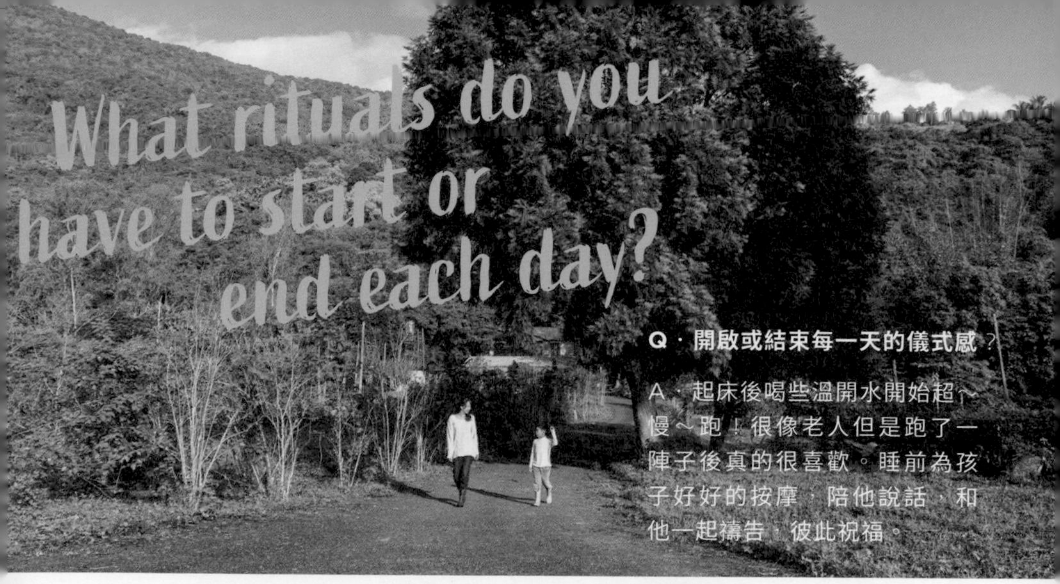

What rituals do you have to start or end each day?

Q · 開啟或結束每一天的儀式感？

A · 起床後喝些溫開水開始超～慢～跑！很像老人但是跑了一陣子後真的很喜歡。睡前為孩子好好的按摩，陪他說話，和他一起禱告，彼此祝福。

享，雖然戶頭很可憐，但我超富有！慢慢的，我開始想，這片土地滋養我們那麼多，我可以回饋什麼呢？於是，環保、友善土地，便自然而然的在腦海中成形，想要維持美好環境的永續性讓下一代繼續擁有。我現在一年買不到一次衣服，鞋子也只需要三雙再加一雙雨鞋，以前覺得一直不夠的，現在都夠了。

今年過年我的新期許，就是希望能夠真實的跟這片土地工作，以及找到身為「媽媽」和「任以真」之間的平衡。問我對花蓮有沒有什麼覺得還不適應的地方，我會說沒有。以前會覺得是距離，去哪裡都要以「時」為單位，現在已經習慣，因為開起車來是滿舒服的。大家最怕的小黑蚊也還好，好像接受它，就不會是個問題。

也許有人會擔心蹦米乓在這樣的環境長大，會不會沒有競爭力，但我覺得，人生有比讀書考試更重要的事，而那個東西可能是我以後沒有機會再給他的。未來孩子不管離開花蓮或留在這裡，我還是會在這個有樹有溪的地方繼續做我的麵包，也許，再開一間民宿，延續與對的人相遇的機緣。

圖片提供© 任以真

實踐移居多年後的他們……

探訪時間：2024年2月23日

去年九月蹦米乓開學前夕，突如其來的颱風，把「樹溪小屋2.0」唯一連外的柏油路掏空成了「薄」油路，露出底下凶猛奔騰的白鮑溪流。

路斷了，車子開不出去，但蹦米乓要上學，以真每週末也要把做好的麵包載去花蓮市區擺攤，生活不能就此停擺。母子倆改走路五分鐘並經過梅園，再騎機車或腳踏車下山，但得像螞蟻一樣，把麵包、麵粉、蹦米乓的背包等物品扛進扛出好幾趟，家裡的貓又在這段期間血尿，每週要額外帶貓下山看獸醫一、兩次……。但從頭到尾以真都沒有撤離的念頭，「這一刻才發現，我比自己以為的更捨不得離開這片土地。」

願意分享跟感謝，才是真正富有的人

在白鮑溪畔與好友共居之餘，以真也交到一群時常互相串門子的小農朋友。在大部分東西都能用金錢購買的時代，他們選擇順應土地與時節，用雙手創造豐盛。去年夏天大夥兒將溪邊暴長的布袋蓮採集、晒乾，蹦米乓跟著熱愛手作的朋友練習編織；冬天白蘿蔔大出，吃不完也來不及賣，大家又聚在一起醃蘿蔔。朋友分享自己種的稻米蔬菜，以真的麵包出爐上桌，朋友再殺隻放養在梅園的鴨子燉湯，就是有肉有菜的一餐。「很多人認為要很努力才能存活，才有能力分享，但他們總是願意先給予，自然而然就活得越來越豐盛。」

蹦米乓學習處理獸皮。（圖片提供© 任以真）

這些朋友也陪伴著蹦米乓長大，不因為他是孩子而處處保護，而視他為獨立的個體，歡迎他一起參與各種好玩的事。有次朋友在處理被路殺的山羌，蹦米乓聽到立刻騎車過去幫忙，也分到一塊山羌皮跟一條腿肉，以真帶著尊敬的心用紅酒燉腿肉，蹦米乓也認真處理山羌皮，想把它做成裝彈弓的袋子（可惜最後皮被家裡的狗叼走了）。還有一次在溪邊釣魚，朋友跟蹦米乓說，殺魚時不說話是對生命的尊重。大人以各自的方式讓孩子知道，萬物的生滅都值得尊敬與感謝。

在土地獲得的力量，能伴隨一生

今年滿十一歲的蹦米乓，已是進入前青春期的大男孩，開始有自己的想法，難免也有跟以真衝突的時候。某次兩人吵架，蹦米乓衝出家門，拿刀到外頭砍竹劈柴，以真知道他正在發洩憤怒的情緒。過了一段時間，蹦米乓生起篝火，坐在旁邊看著火光，問：「媽媽，有東西可以烤嗎？」

「當下我很感謝這片土地承接了他。」以真感性地說，「媽媽不可能永遠陪在孩子身邊，我能給他的禮物就是這片土地，不管發生什麼事，都有土地安慰他、療癒他，是真正能夠伴隨他一生的養分。」

蹦米乓現在是壽豐華德福共學園的五年級生，從一歲半參與至今，以真高度參與學校的行政事務，也兼任英文老師。然而去年春天辦完校舍搬遷募款音樂會後，她陷入是否繼續留在華德福的擺盪，因為辦學需要投入非常多時間與心力，加上體制外教育成本比一般學校高出許多。目前以真以做麵包為主要的收入來源，其中70%都拿來繳蹦米乓的學雜費。可能在無意間透露出壓力，蹦米乓主動提出回到體制的意願。

但回到加入共學團的初衷，以真認為華德福著重啟發學習熱情，同時照顧孩子的身心，是她覺得最可貴的價值所在。她希望蹦米乓留在華德福，也支持他學習喜歡的太極跟小提琴才藝。「我告訴蹦米乓，我們一起努力，好好把握每一天，就算回到體制內也不會有遺憾。我知道他在哪裡都可以適應得很好，我也都會陪在他身邊。」

在簡單中重獲自由，凡事盡力但不過度努力

過去定時報到百貨公司消費，現在衣櫃裡只有二十件衣服；之前太累就想出門外食，現在三餐幾乎全部自己煮。移居白鮑溪畔四年，以真的生活越來越簡單，甚至連口味都變了，從肉桂捲投入烘焙的她，漸漸吃不下高油高糖的甜麵包。於是她在2022年改做更健康、但市場相對小的酸種麵包，只有麵粉、水跟鹽巴三種成分，加入自己養的野生酸種酵母，卻要花上一般麵包四倍的時間跟精力。以真堅持使用台灣本土麵粉及自家山泉水，而且要在良好身心狀態下製作，她相信這些能量都會透過麵包傳遞。

道路中斷的非常時期，以真和室友下訂了卡扣式木地板，來回幾趟一盒一盒用摩托車載回家，「既然待在家的時間變多，也不知道路什麼時候會修好，乾脆來把家裡變得更舒適！」她們在客廳鋪上木地板，改造成可以好好放鬆的角落。路修好的那天，她又訂了新烤箱，作為自己的生日禮物。原以為生活終於恢復如常，此時心臟卻開始不適，身體在提醒她，該好好照顧自己了。

三年前的以真問自己：「妳找到身為母親和照顧自己之間的平衡了嗎？」現在的她誠實回答：「只要還在共學團，就很難找到生活的平衡，但現階段的我還是想跟這群夥伴一起學習成長。很開心可以看到不平衡，代表還有進步的空間。」去年冬天以真暫停烘焙工作，把重心放回自己身上，每天晨起運動，重回瑜伽的懷抱，也終於有時間插花、打掃家裡，整理荒廢一個月的菜園。2024年她給自己的練習是「盡力但不要太用力」，才有更多餘裕，好好感受這片土地的簡單與豐盛。

圖片提供© 任以真

任以眞的移居前後

DATABASE

	移居前		第一次移居		第二次移居
居住地	高雄市區。	→	花蓮光復。	→	花蓮壽豐。
家庭結構	3人（婚前與爸媽合住）。	→	7人（婚後與夫家合住，2013年蹦米乓出生）。	→	3人（母子和1名室友，另有一位朋友在空地養雞養鴨）。
住處	華廈一層一戶。	→	一開始住夫家的兩棟透天，生子後購入相鄰的透天厝。	→	與室友合租白鮑溪畔的空地加兩間老屋。
交通方式 & 移動範圍	機車、捷運，主要活動範圍爲公司、住家與百貨公司。	→	汽機車、步行，幾乎都在光復市區。	→	汽機車，往返花蓮市區、壽豐伍佰戶社區、花蓮山海璞光華德福共學園等地。
工作模式或收入來源	補教業。	→	補教業，2016～2018年經營「樹溪小屋」民宿。	→	做麵包，透過市集擺攤與「樹溪小屋」粉專預約販售 。
鄰里關係	與鄰居關係較疏離。	→	長輩居多，幾無年齡相近的年輕人，另有加入教會，及到壽豐市區參與親子共學活動。	→	沒有鄰居，與共學團和小農朋友關係緊密。
興趣	逛百貨公司。	→	經營韓國女裝網拍。	→	烘焙、畫畫、瑜伽。

不必急著定下來，就能遇見不一樣的風景

陳盈盈

文字—Fion Tsao、陳盈盈
攝影—陳志華

CASE 11
香港將軍澳→台南市區

一座城市待久了，容易讓人以為生活的方式只有一種。許多人渴望過著不同的生活，但想到要離開熟悉的舒適圈，又難免卻步。來自香港的盈盈，以介於旅行和移居之間的旅居，開啟她的台灣生活，沿途不斷解鎖新技能，也在此結婚、定居。是啊，人生不用急著定錨，先踏出第一步，就有機會遇見不一樣的風景。

位於台南市區的透天古厝，盈盈承租後將其經營為共享空間，邀請不同品牌入駐。（圖片提供©陳盈盈）

陳盈盈（Cherry）
自由工作者，目前擁有多重身分：記者、作家、攝影師、瑜伽師、活動企劃、打零工族等。一身日本山系女子打扮，80後的她，開朗愛笑全身充滿正能量。2015年開始以旅居形式在台灣生活，至2023年擁有居留台灣身分，堅信生活有選擇，總是充滿「出發」的勇氣。

我是從這裡開始的……

告白時間：2021年11月12日

2015年我代表香港《GOOUT》戶外雜誌來台灣採訪，發現這座小小的島嶼，卻擁有兩百多座三千公尺以上的高山，以及黑潮流經帶來的豐盛海洋，熱愛大自然的我很快便愛上了塊土地，也想留在這裡生活。當時因為工作的關係非常頻繁往返港台，我忍不住向公司提出駐點的建議，只是得到的回覆是希望我留在香港。最終我還是決定離職，順從自己的意志來到台灣生活，拿旅遊簽證雖然無法在異地求職，但只要帳戶裡的數字還夠買機票回香港就不怕。

在香港媒體圈累積了幾年資歷，生活也還算無虞，之所以會想打破原本穩定的狀態，我想是整體社會，甚至世界氛圍影響了我。我是相信神祕學的，就宇宙能量而言，2014是充滿變化與動蕩的一年。香港發生了雨傘運動讓我察覺，現在安穩的日子有一天也可能會突然消失，不該過分習慣依賴。那我是否有勇氣衝出這份安穩，去創造更理想的生活？台灣太陽花學運更堅定了那份信念，這個世代的我們，擁有捍衛理想的勇氣。

展開新生活，收入來源總是最令人不安的。在台灣，我不

「共所」門前的暖簾上，畫著三個圖案分別代表著進駐的品牌：「夜鷺號」古物、「阜東氏號所」麵包、「奇怪貓」玻璃藝術工作室。

斷學習新技能，例如瑜伽。一般來說瑜伽師資課程大部分會開在城市裡的瑜伽教室，但我找到了台東海岸一處瑜伽營有提供師資訓練。在太平洋與海岸山脈的擁抱中生活，專注地練習、規律地作息，吃簡單的

Q．移居之後，有新喜歡上的食物、食材或料理嗎？

A．移居後，喜歡的食物、食材有很多，畢竟我不是台灣人，能在台灣吃到非常多好吃的東西，「牛蒡」是其中之一，屏東有間店的炸牛蒡餅好好吃，每次到訪一定會買，是一塊35元的！

Have you discovered any new favorite foods or dishes

What object around you brings you the most comfort?

Q・身邊只要有哪樣東西存在，會令你感到安心？

A・我可以沒有電話在身邊。我六歲就穿耳洞了，當然是我媽帶我去打的，我戴了一雙珍珠白耳環近兩年了，最近終於會換耳飾了！安心這件事對我來說一直都是發自內在的，並不需靠外在的給予。

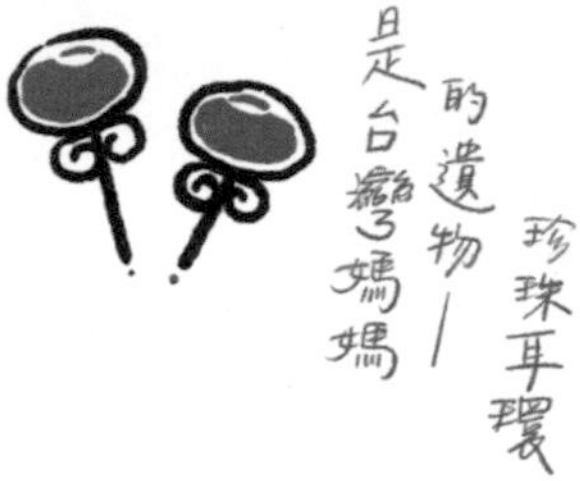

蔬食料理。在純淨的大自然裡展開與自己身體的對話，我喜歡這樣純粹的生活。不斷學習新的謀生技能聽起來或許很累人，但我卻樂此不疲，若是繼續待在工時很長的香港，哪還有心力去學習新事物呢？

不斷進修新技能，但本業也沒荒廢。除了執行香港媒體發的工作，2015～2017年，我獨立出版了三期小誌《今日大吉》。這三本書雖然賺不到什麼錢，卻成為我的名片。許多人也因為這三本小誌認識我——喜歡一個人露營在台灣旅居的香港女生。我還想繼續出版繁體中文刊物，而且是實體書。網路並不安全，事實證明只要一個消除鍵，就什麼都沒了，例如在2019年九月，我的臉書粉專就無故消失了。

2018年網路傳媒「香港01」到處挖人，因為想認識新興網路媒體運作，所以也順應這波風潮被延攬回香港工作。但大概被山、海豢養慣了，當我熟悉網路媒體的運作方式後，我選擇恢復自由業身份，住在香港的南丫島上。

這是座瀰漫著度假風情，有點像台灣小琉球的小島。沒有公車、沒有紅綠燈，連消防車都超小台。許多房子蓋在山坡上，我每天都要爬十五分鐘的山路回家。這段期間我曾在星巴克及島上咖啡館工作，在南丫島的生活很規律，感覺像是上了一場很長的瑜伽課，彷彿整個世界我只需要好好關照自己就好。南丫島給了我許多新鮮的生活體驗，因為島上物資都要從本島運來，物流不是很方便，所以大家習慣將用不到的東西再轉送或轉賣給其他當地人，形成了一種可愛的循環。碼頭也有一個置物區，餐具、書、雜貨……等待有緣人認養回家，繼續延續它們的生命。

Q・每天感到最快樂或最自由的時刻是？

A・我每天也過得很自由又快樂呢！「快樂、自由」是相同特質嗎？擁有自由、隨心地計畫想做的事也就是快樂嗎？有些人突然擁有多出來的餘暇，反而不知所措，這也算是「自由」嗎？快樂是比較出來的吧，但我從可以自由起床開始，每個當下都過得很快樂。

2021年一樓的共用空間。

2019年我結束南丫島的生活回到了台灣，因為怕濕又怕冷，這次決定捨棄之前的旅居地台北，搬到台南。住過鍋牛巷小小的套房，後來和女友搬到西門路的大廈，空間對香港人來說非常珍貴，所以擅長利用空間。我們將房間分租出去、當瑜伽教室，甚至還找了當地的好朋友們來這裡辦活動。2021年三月初我們在這裡辦了「抵阮叨Party」市集，運用五層電梯大廈加頂樓空間，二十二組攤商都是認識的好朋友，為了不想讓朋友賠錢，也因為疫情需要管控人數，活動決定以售票方式進行，最後售出了多達兩百多張票。

因為持續受到疫情影響，空間的使用率變小，加上伴侶要搬回高雄老家，所以我們決定另覓新居。找房子的方式也很在地，是透過591租屋網找到的。新家是一棟位於台南老城區裡的透天古厝，長長的巷子一邊是城隍廟，一邊是東嶽殿，被神明包圍的感覺很好。腳踏車是主要的代步工具，台南的城市尺度很宜人，東、西、南、北、安平、漁光島，不管到哪都是容易騎腳踏車抵達的距離。

我將新空間定位為「共所」，目前有三個品牌進駐：「阜東氏號所」麵包、「夜鷺號」古物、「奇怪貓」玻璃藝術工作室。每天設定九點的鬧

What was the most difficult item to part with?

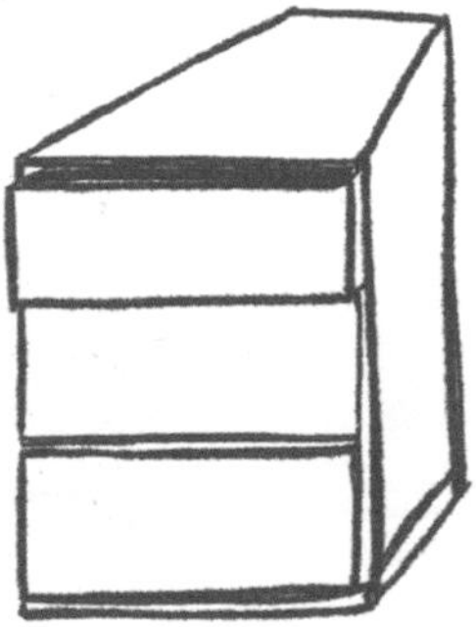

Q．移居過程中，曾捨棄掉哪個最捨不得的物件？

A．移居最捨不得的是朋友送我、也是香港歷史文物之一的辦公櫃（曾是英國政府時期使用的抽屜，多為在囚人士製作，後來回歸，不少政府物件流入民間），當時從香港九龍朋友倉庫搬到南丫島的！後來移居台南便送給南丫島朋友。或許這種不捨，也包含了對那個年代的不捨。

鐘，但允許自己賴床到九點半。起床後先做瑜伽輕鬆伸展，然後沖一杯咖啡，打開電腦收信看看今天有什麼工作，接著巡視一下環境，我稱自己為共所的保全，澆花、倒垃圾、處理漏水、除白蟻……什麼都要顧。家裡有不少家具是撿來的，很早就發現在台灣若有大型家具要丟，會先堆在路旁角落，然後打電話找環保局來收，特別在過年大掃除期間最好撿。

我很享受倒垃圾的時光，起初還不習慣的時候，聽到垃圾車音樂會有焦慮感，覺得垃圾車的音樂一直在附近出現但都看不到。倒垃圾也是一件極有趣的社會觀察，我發現台灣的垃圾不落地政策對於老齡化社會有很大的幫助，長輩可以趁倒垃圾出來散步、活動筋骨、從事社交。鄰居之間會留意今天誰沒有出來倒垃圾，他是不是怎麼了？長輩也會在家庭生活中擁有一份使命感，感覺被需要。而且也有助環保，因為垃圾車有隨行清潔隊員檢查，

2024年一樓的共同空間現況。（圖片提供 © 陳盈盈）

Which corner or area Makes you feel most relaxed?

Q．現在居住的地方，哪一個角落或場域令你感到最放鬆？

A．好難呀！我非常容易放鬆，用「最」來說，好不公平呀！我家呀！雖然是租的，但每個角落都是如此令人感到自在，所有來過的朋友也是這樣說的。

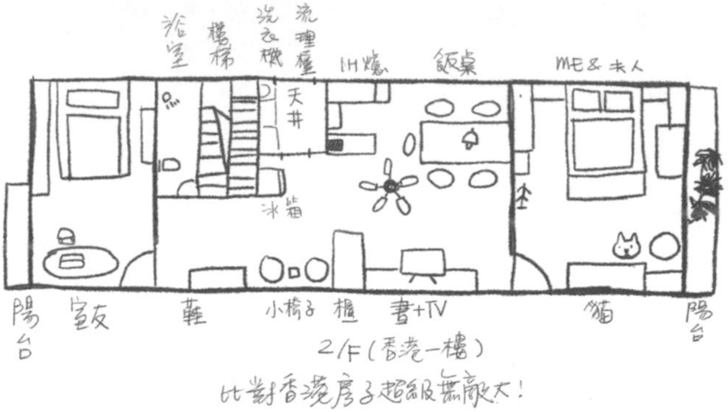

所以大家會把垃圾仔細分類，台灣資源回收做得非常徹底。

最後一次回香港，正值疫情剛爆發，當時媒體圈的朋友建議我能提早回台灣就趕快回來，因為機場隨時都有可能封關，到時候恐怕就進不來了。當下的情勢就像戰爭即將爆發，要封關？要隔離？隔離十四天？十天？當政策一聲令下，所有原本的生活都有可能被打亂。

我二月六日踏進台灣國門後不久，台灣政府就宣布只有國民才能回來，當時意識到國籍的重要。沒有健保頂多自己花錢看病，但沒有國籍就可能回不了家。我所有家當、女朋友都在台灣，如果當時沒有趕回來，就會有兩年都見不到女友，因為疫情所引發的國際分手危機不在少數。如果我可以與伴侶結婚，就能以依親方式留在台灣，但台灣雖貴為亞洲第一個同婚合法的國家，但必須在伴侶的國家也是同婚合法下才能成立。

和不能來台灣的香港人一樣，疫情期間我無法回香港，因為想念，促成了「有七間」這個企劃。選了台南七家喜歡的咖啡店合作，生產掛耳包組合寄回香港販售，讓香港朋友透過咖啡一解思念，一天一包，一星期剛剛好。疫情中大家都需要重新學習面對「時間」，從一杯咖啡的時間開始，煮熱水、打開掛耳包、沖泡、品嚐，到學會放鬆。

盈盈平日的代步工具就是腳踏車，以台南市大小而言剛剛好，想到哪裡都很方便。

我們都只擁有一副身軀，一個心靈，照顧好這兩件事，就已經很好玩。最重要是全心全意投入生活，專注、享受當下。就像曾經因為氣候因素沒

What rituals do you have to start or end each day?

有爬成北大武山，臨時改變路線爬了旁邊的日湯真山發現一樣好玩。

旅居許多經驗對我來說都是嶄新的，有時候不知道自己喜歡什麼也沒有關係，至少知道不喜歡什麼，終究會向自己喜歡的靠近。

Q · 開啟或結束每一天的儀式感？

A · 我不推崇任何的儀式感，儀式感很限制自己的可能性，太文青（Ha！不要生氣）。如果說近來的習慣，是玩數獨，床頭有一本數獨、大創買的，睡前玩一下，我想變聰明。

（圖片提供©陳盈盈）

盈盈與夫人、愛貓。(圖片提供©陳盈盈)

實踐移居多年後的她……

探訪時間：2024年2月23日

2019年台灣通過了同婚專法，成為亞洲第一個同性婚姻合法化國家，但受限於伴侶其中一人的國籍地若不允許同婚，則無法在台登記。2023年一月，異國同婚獲得了突破性發展，內政部公布「不得否定使相同性別兩人，得為經營共同生活之目的，成立具有親密性及排他性之永久結合關係。」此後，除了中國（港澳除外），跨國同性婚姻終於可以在台登記。

當時人在香港的盈盈，在農曆年前收到了這份前行政院長蘇貞昌在卸任前送的大禮：無論你們國家允不允許，我們都同意你（妳）來結婚！這也代表著在台旅居七年的盈盈，終於得以和交往四年的台灣伴侶結婚。當時港澳出境規定礙於疫情尚未鬆綁，她因工作邀請獲得了簽證返台，回來的第一件事就是翻閱農民曆，挑選一個宜嫁娶的好日子辦理登記。湊巧當天是情人節，除了受到地方報紙採訪、收到市長的賀禮，身為台南首對港台同婚伴侶的她們還協助拍攝照片，宣導外配權益，滿可愛的。盈盈感慨：「疫情讓我發現原來只要你不是國民，不管你的家人、家當、工作在哪，還是『外人』；有了外籍配偶居留簽證，不再受限短期簽證一百八十天的出境規定，也終於可以合法工作、同時享有醫療保障了。」

串聯起街坊鄰里，創造共同記憶的「今日大吉」

除了多了已婚這項身份，這幾年盈盈與鄰里的關係也變得更加緊密，除了一起辦市集、展覽，幫忙串聯活動、還加入附近大學陶藝社，開始和陶藝社朋友一起在「今日大吉」事務所（三年前被稱為「共所」），這座台南透天厝一樓賣起了生活陶器。如今共享空間的成員除了起初就進駐的玻璃工藝師，當年的麵包店已遷離、專心自家經營，而在上次訪問不久後多了一位從事物理整復的朋友來當室友，最近還加入了同是香港移民的資深金工師傅。

2022年十一月，因為疫情減緩，台灣政府勒令疫情三年在台旅居簽證將到期人士，不再因人道理由無條件延期簽證，到期日前必須離境。但當時尚無重新打開國門的時間表，十二月底前須得離境的盈盈，終於鼓起勇氣跟喜歡已久的鄰居沙鷗書屋提出共同籌辦「街坊」市集的請求，希望在離開台灣前留下紀念。同年十二月，這場比先前辦在電梯大廈室內更大型、名為「抵阮叨Together」的售票市集中，每位參與者除了擁有兩張現金兌換券在市集使用外，還可以到鄰居水果行領取一個水果。連巷頭的

「今日大吉」事務所旁的好鄰居水果行。（圖片提供© 陳盈盈）

台灣最古老城隍廟也借出停車場讓咖啡車來賣咖啡，無私協助，還借出廟內桌椅，讓市集順利完成。回顧當天活動，盈盈表示：「一向好天氣的台南，那天突然寒流來襲、風雨大作，就是高雄夢時代『OPEN 將』大氣球飛走的那天！但市集人潮不絕，街坊鄰居聚首一堂，場面有點感人。」

心態開放，就有無限可能

「我一直都知道自己喜歡什麼，嚮往什麼，樂觀的個性也讓我隨時對生活充滿新鮮感，對生活無感是最可怕的！」時時提醒自己好好感受的盈盈，總是樂於用書寫、攝影或畫畫記錄生活。對生活感到不滿意，就是試著改變的時候。她建議倘若找不到自己喜歡的事物嘗試，不妨將不喜歡的記下來，慢慢剔除不喜歡的，喜歡的生活藍圖或許會逐漸浮現。

家鄉香港給予盈盈深刻的成長經驗、文化薰陶與價值觀，加上還有媽媽、哥哥等家人在香港，香港永遠都是她擁有最多身分認同感的家鄉。去年歷經父親病逝，頻繁往來港台的盈盈，認為疫情後世界各國的國境將更加自由開放，相信未來旅居人口勢必越來越多。身為文字工作者，她表示自己只要有網路就可以工作了，其實不一定要住在台南。問她會想搬去其他城市嗎？「會啊！夫人（盈盈稱呼自己伴侶的方式）說好像每年都可以去日本住一、兩個月。」加上房東年紀大有計畫將目前居住的房子賣掉，未來也不排除搬去嚮往的花東縱谷，關山、池上、瑞穗一帶，甚至在她眼中跟香港有點相似的基隆。只要可以安心好睡的地方就是家，對車宿也可以睡得非常安穩的盈盈來說，關於家的想像真的充滿無限可能。

香港沒有「移居」

「我是來了台灣才開始認識移居。」香港總面積大約只有台南市的一半，香港人在香港「移居」只會說「搬家」，最近大批香港人離開香港「移民」到他國，也不會使用「移居」。兩者最大的分別是「身分」，台灣人在台灣島內移居，多數是說北部搬到東部，南部搬到北部，或是外島，城市搬到深山等等。「即使我曾從熱鬧有地鐵的屋邨搬到南丫島，也只是搬家。」香港人來到台灣，甚至其他國家，比移居有更深的意義是「國民身分」的改變，那是台灣人在島內移居中不需要考慮的情緒、身分轉變。如果要香港人使用「移居」的概念，九成會是「移民」，「老實說是跟一般台灣人島內移居，換個工作環境、生活模式不可並提的一件事。」不只是語言、價值觀、文化習俗都截然不同。「但我想無論是移居、移民、搬家，都要有一種勇氣，多多少少要離開習慣已久的生活之地，都值得敬佩、是令人期待的事。」在未來的日子，因著旅居的方便，不如先試試旅居？生活總有選擇。

圖片提供©陳盈盈

陳盈盈的移居前後

DATABASE

	移居前		移居後
居住地	香港將軍澳。	→	台南市區。
家庭結構	單身。	→	已婚，有了夫人。
住處	公寓或小平房。	→	透天厝。
交通方式 & 移動範圍	大衆運輸。	→	單車，今年希望取得汽車駕照。
工作模式 或 收入來源	報館全職、輔助警察、自由接案。	→	自由接案。
鄰里關係	較爲獨立。	→	與鄰里關係更加緊密，最近還加入了當地學校陶藝社。
興趣	無論到哪裡都有想學習的事物。	→	因環境所需，騎腳踏車成了生活的一部分。

開一間社區麵包店的歸屬感

小寶一家人

文字—李盈瑩
攝影—陳星州

CASE 12

台北木柵→宜蘭冬山

一間比鄰校園的麵包店會是什麼樣子？剛放學的孩子在透明櫥櫃前挑選想吃的點心，老師來店裡喝咖啡，接送孩童的家長也習慣來此張羅家人要吃的麵包，這裡像是社區的交流站、校園福利社的延伸，更是小寶一家人關於移居、工作、育兒、生活，共同交匯的場域。

「莢麵包」已經成為孩子們自己也能輕鬆前來消費的所在。

小寶一家人

小寶（郭書鳳）原先念電影、拍紀錄片，二十八歲那年轉換跑道學習烘焙，在「好丘」待了八年並結識現任丈夫裕德。有了女兒豆莢後，在她3歲時一家三口移居宜蘭冬山開了一間社區型小店「莢麵包」，展開新生活。

我們是從這裡開始的……

告白時間：2022年3月11日

我媽媽的職業是幼兒園園長，從我有記憶以來，一家人就是伴隨她工作的園址不停在搬家，從社子島、板橋、新莊，最後落腳在台北中華路一帶。由於一直處於遷徙狀態，我很難對一個地方產生歸屬感，光是在小學時期就搬過兩次，我沒有「一個地方有朋友在那裡」的感覺，國小與國中同學幾乎都失聯了。

先生則是香港人，高中畢業後就投入烘焙，一起工作的香港師傅約他來台灣發展，這一停留就是二十個年頭，一路待過十幾間麵包店。可能因為這樣的背景，我們一直到移居宜蘭後，才真正有自己家的感受，每回穿越雪山隧道，廣闊的蘭陽平原與遠方的龜山島映入眼簾，就知道家快到了。

我跟裕德是在「好丘」工作時認識，婚後我們定居木柵，因為喜愛戶外，每逢假日習慣往山裡跑，兩人也有共識將來要離開城市，到山邊或鄉下開一間小店。只是，原先的規劃並不打算生小孩，女兒豆莢的到來加速了這件事，不然開店的計畫至少會再晚個五年才實現吧！

店內空間寬敞明亮，舒適的內用座位區，讓客人可以悠閒地享用剛出爐的麵包、喝杯咖啡。

女兒三歲前我們還住在台北木柵，當時我在「好丘」已從最初單純做貝果的職員一路升上管理階層，每日要經手的行政瑣事日漸繁雜，經常八、九點才加班回到家，白天她由保母帶大，但到了晚上，我卻依然沒有餘裕能夠好好陪伴她。加上我從很久以前就覺得，

Q・移居之後，有新喜歡上的食物、食材或料理嗎？

A・這個問題我想到的是：搬來宜蘭後，在家裡煮的每頓飯，我都知道是誰家種的米，也都知道是誰家種的菜，深深地覺得這是非常棒的事。

Have you discovered any new favorite foods or dishes

店面樓上是小寶一家人的生活空間。

What object around you brings you the most comfort?

Q · 身邊只要有哪樣東西存在，會令你感到安心？

A · 第一時間是想說我老公，但馬上又想到太多無法安心的時刻，就打消了念頭，可是又沒有其他答案了啊！

When do you feel happiest or most free every day?

Q · 每天感到最快樂或最自由的時刻是？

A · 麵包都賣完的時候最快樂，女兒沉沉睡去的時候最自由。

如果哪天我有小孩，會希望孩子能在鄉村成長、親近土地自然，眼看著豆莢一天天長大，我明白童年是無法重來或者複製的，這個東西如果你現在不給，以後就再也給不出來了。於是我們開始尋覓理想的移居地，還記得我特別告訴豆莢：「以後太陽還沒下山前，妳就可以看到媽媽了！」

在尋找移居與開店地點的歷程中，起初我們仍以「在山邊開店」為主要方向，曾到烏來屈尺一帶找房，甚至在偏遠的金山鄉野、一條小路的盡頭找到了內心屬意的小屋。然而，累積了一連串天馬行空的看房經驗，我們才逐漸梳爬出脈絡——倘若將居住的天然環境視為首要考量，所開的店勢必只能以假日遊客為主，但這麼做的話，豈不失去最初想陪伴女兒一同成長的初心？

此時「社區店」的想法才開始躍入我們的思考中——選擇一間靠近學校、即便只在平日開店也能支撐營收的地方，然後保留假日時間好好陪伴孩子。因此鎖定宜蘭後，我們找過三星國小、員山鄉的深溝國小附近，以及冬山鄉的梅花湖與冬山河一帶，只是，大部份國小的學生組成多為在地人，上下課時段多半是孩童自行走路回家、少數由家長接送，然而位於冬山的華德福國小上下學時刻總是門庭若市，九百位師生背後代表九百個家庭，我們稍微盤算了一下，每日若能有一百人前來光顧，這間小店就足以活下來。另一方面，慈心華德福的教育理念與核心精神也為我們所認同，將來豆莢的就學問題可一併解決，於是移居與開店之路終於在此定錨。

當初選擇移居，就是為了可以好好陪伴女兒成長。

華德福的教育理念吸引不少來自外縣市的家庭慕名而來，而這群來自各地不同背景的移居家庭在冬山隱隱形成一個社群網絡，且因為是公辦民營，舉辦各種活動都亟需家長出錢出力，久而久之就長出一股家長的力量在那裡，加上大部分都是移居身份，彼此互助的氛圍很濃烈。像是家長群每週三自發性舉辦市集活動，在這裡可以團購日常所需的肉品及蔬菜，附近還有家「三元生活實踐社」，除了販售在地農產，還有地方農夫自製的料理包，有時我收店忙太晚來不及煮飯，但知道冰箱裡還有一塊誰醃給我的排骨、誰煮好的咖哩

調理包，那種被社群支持的感覺真的很心安。

我們有款檸檬蛋糕因為要直接削皮入料，我只找有機或友善的農產來源，適逢冬天非檸檬產季時，許多賣店都缺貨，還記得當我在社群請求支援，就陸續有客人帶著自家或朋友栽種的檸檬前來；偶爾麵包有剩，我在社群裡公布消息，也會有熟客跑來幫忙掃貨下架。我覺得在這裡生活開店都有很深的歸屬感，你會知道誰在哪裡，需要幫助時也真的會有人伸出援手，就是一種很鄰里、很互助，與生活在城市有著截然不同的感受。

我很喜歡平日開店，有將近七成的本地客，你會知道每個來到店裡的人是誰。週間午後，暖和的斜陽透過玻璃窗灑落店內，陸續有放學的孩童來買麵包，姊弟倆一前一後來到櫃前挑選自己愛吃的點心，或是媽媽後腳剛走，兒子前腳踏入，我會順便提醒對方你媽剛剛買了哪些品項，避免重複。

華德福一年有春、夏、秋、冬四季假期，我們會跟著學校的節奏休息，趁此時帶孩子去旅行、感受季節變化。每回放完長假後，店裡總是特別熱鬧，我們跟客人聊天、客人跟客人聊天，有種大家都回來了的感覺，然後你會看到原本和你等高的男孩，一個月不見突然抽高好多，或有高年級學生挑戰單車騎花束，回來後整個人黑了一階，學生還會跟我們爆料誰在旅途中摔車、誰暗戀誰買麵包偷塞對方書包，這是社區店獨有的樂趣，我們好像與地方一同生活、成長，看著孩子一路變化。有時我會想，這些學生畢業多年後回來探望老師之餘，或許也會來看看我這個麵包店阿姨，順道重溫童年的滋味，於是開店對我而言，反倒成為一件很有安全感的事情。

女兒豆莢很內向怕生的性格，慢慢變得會主動分享，也在此結交到許多朋友。

麵包店與華德福僅有幾尺之隔，我們起居與開店的這棟老屋還曾經當過學校的才藝教室，因此常來喝咖啡、買麵包的老師有時會形容這裡是「偽校區」、是學校外掛的福利社。的確，曾有臨時店休的隔日，學生抱怨昨天很餓卻買不到麵包，或是有低年級的孩子忘了帶錢，逕自走到透明的櫥櫃前仰頭問：「阿姨我肚子咕

Which corner or area makes you feel most relaxed?

Q · 現在居住的地方，哪一個角落或場域令你感到最放鬆？

A · 突然有一個空檔，坐在後院深深吸一口氣的時候。

嚕咕嚕叫，可以吃麵包嗎？」後來一些家長索性在店裡寄錢，一面搔頭笑說：「真是不好意思，讓你們幫忙養小孩了！」

目前移居冬山已兩年多，還記得剛來的前半年，我每週三都得回台北完成前公司的移交事宜，當時店務也尚未就緒，每天都被時間壓著跑；豆莢在初期也十分怯生，幼稚園老師問什麼她都只是搖頭或點頭，下課回到店裡玩耍，若有熱情的客人想跟她玩，總是嚇得跑到我的腳邊躲起來。我們一起來到全新的地方、經歷人生中第一次的開店，或許身心都還在調適，那時候心境也時常混亂，就算放假也幾乎沒有心力去探索周遭環境，只想好好休息。

約莫一年左右，我們的狀態開始穩定下來，慢慢找到在此生活的節奏，許多點狀的人事物逐步連結起來、再拓展出去，我們知道在哪裡能買到所需的食材、知道客人需要什麼，以及放假時去哪裡爬山、騎單車人潮會比較少。

豆莢也一步步融入環境，她十分投入校園生活，上課教的偶劇故事與歌唱，回來都要跟裕德、我，以及兩位員工大姊姊一一分享。有次她在店裡的小木屋玩耍，竟扮起老闆對同伴說：「這個請你吃，這個不用錢。」簡直就是模仿她媽媽平常工作的樣子啊！我覺得育兒像在照一面鏡子，一方面我想望能成為自己更喜歡的大人；另一方面也希望，可以在女兒面前呈現她所喜歡的媽媽的樣子。

今年，豆莢即將上小學，對我們而言又是一次調整步伐的時間點。華德福的低年級生

Q · 移居過程中，曾捨棄掉哪個最捨不得的物件？

A · 其實從二十坪搬到九十坪的空間，還真的什麼都可以搬得過來啊！

What was the most difficult item to part with?

裝修這棟老房子時，小寶一家花了不少心思規畫，三樓甚至設計了可以讓女兒安心遊戲活動的攀爬網。

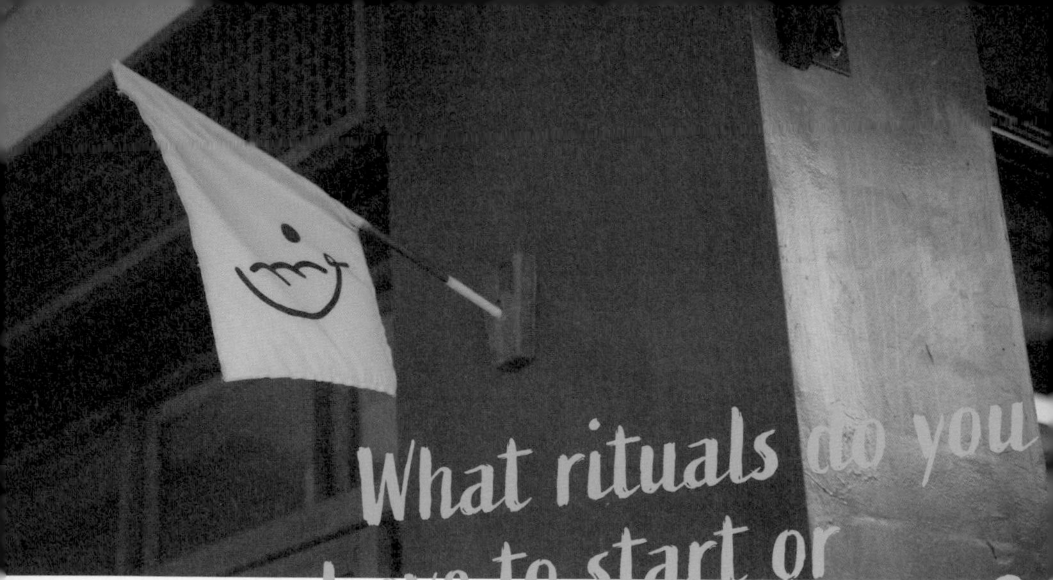

What rituals do you have to start or end each day?

Q · 開啟或結束每一天的儀式感？

A · 拔下賣完麵包就可以拿下來的莢麵包旗子。

是下午1點半放學，我替她找了一個同年級的玩伴，當我們在店裡工作時，她們能在樓上住家空間陪伴彼此度過午後時光。這裡的家長說，之後孩子在校園結交朋友，會自然發展出一套人際網絡、會知道放學後可以去誰家玩，許多家庭也會彼此丟包，形成一種互相托育的支持系統，即使只有生一個，卻像是生了三個孩子的陪伴機制。

前陣子冬山鄉農會舉辦旅遊活動，找我們合作提供烘焙小點，讓我有種「我們也是冬山的一份子」的感覺，好像慢慢建立與土地、與周邊人們的連結，形塑出舒適的關係。我跟裕德也曾想過，十年後豆莢長大，我們可以再移居到更接近山野的地方開店，也許是台東、也許嘗試手造土窯來烤麵包，但當這樣的藍圖浮現時，腦海中冒出的第一個念頭卻是，「但這樣就要離開很多我喜歡的人了啊！」無論是土地或人們，作為一個社區店，我總是知足地想著，應該沒有比這裡更好的地方了。

女兒豆莢也長大到可以幫忙修整園子的植物了。（圖片提供©小寶）

實踐移居多年後的他們……

探訪時間：2024年2月6日

小寶、裕德與女兒豆莢，移居宜蘭邁入第五年，距離上回受訪相隔的兩年間，豆莢從幼兒園大班來到國小二年級，夫妻共同經營的「莢麵包」，也與一旁小學的關係越發緊密，生活與工作上的種種，讓小寶由衷感謝當初搬到冬山的決定。

賦予生活安全感的所在之地

與「莢麵包」比鄰而居的是位於冬山的慈心華德福小學，而華德福的幼兒園則靠近羅東一帶。移居冬山那年豆莢就讀大班，班上同學住得較分散，且放學回到家，店鋪裡也全是隔壁小學那些她仍不認識的哥哥姊姊。如今豆莢升上小學了，幾步之遙的校園彷彿成了她的主場，放學回家放下書包、吃完午餐，她會約同學回到學校爬樹、玩沙坑、吊單槓，那些下課十分鐘搶不到的設施，放學後一口氣玩回來！

初入新環境總是怯生的豆莢，在臨近而熟悉的校園陪伴下，結交了許多朋友，每週五班上同學固定來店裡找豆莢玩；有時候平日早上學校有活動、家長早早送孩子到校後，也會來店鋪歇腳，「莢麵包」既是孩子們的、也是大人的生活基地。

一年年陪伴著學童們成長，小寶觀察說道：「許多孩子生平第一次的消費行為就發生在莢麵包，你會看到他們很害羞地說想吃的麵包口味、緊張地從書包裡掏錢付款，小小聲的報上父母電話來扣儲值金……。不過一轉眼，他們就能熟門熟路的點麵包、開玩笑，或是讓我猜今天他要吃什麼。」疫情期間為了避免大家頻繁接觸實體貨幣，店裡這兩年開發了儲值服務，隨之而來的，有時是闊氣的孩子用儲值金大肆請客，小寶只好私下轉知家長，改用每月限額的方式培養孩子的理財觀；有時則見到處世謹慎的孩童低聲在她耳邊報電話，生怕一旁同學偷記號碼扣了自己的儲值金，一些偶發的、似乎只在社區店才會發生的小事，總讓小寶哭笑不得。

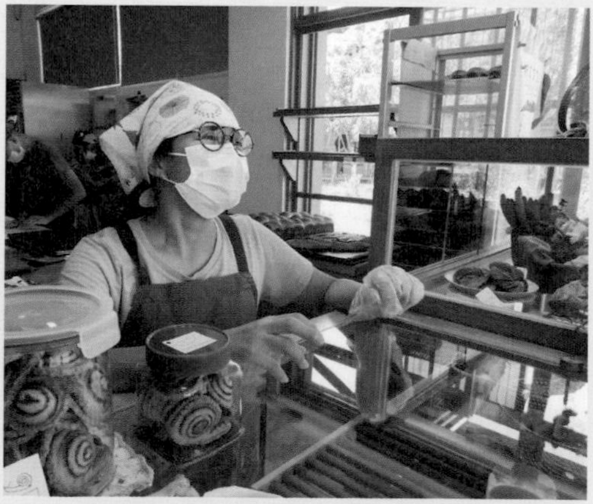

孩子們畢業之後，也會一直記得學校旁邊的那家麵包店，和熱心的「麵包店阿姨」。（圖片提供©小寶）

來自學校與社群，充滿人情味的支持

開業四年來，「莢麵包」在地方逐步打出知名度，除了與農會合作，鄉公所舉辦中秋活動的宣傳記者會，也請託他們製作餐盒。另一方面，深耕社區的小店與學校社群的關係日趨緊密，每週的課後活動日、教師開會日，班級慶生或露營所需的麵包，都成為店裡的常態訂單。

學校社群給予「莢麵包」的支持不僅在生意上，更多的是精神上的穩定陪伴。去年秋季豆莢生了一場病，確診第一型糖尿病，自此三餐進食前皆需施打胰島素，初期小寶每日到學校替豆莢打針，後來由校護接手，學校上上下下皆謹慎面對。課堂上，老師告訴年幼的孩子們：「豆莢身體有一隻小精靈，要透過打針才能被喚醒，來幫助豆莢吸收食物裡的營養。」孩子們似懂非懂，只覺得「打針是可怕的事，豆莢好勇敢！」此外，豆莢用來偵測血糖的儀器透過藍芽連接到手機，同學會主動記住手機密碼，不時替她查看血糖指數，整個班級一起關心豆莢的身體狀況。

這個上天給的病，與基因有關，出生的那刻即命定，二到七歲或青少年時期都可能發病。小寶有時會思忖：「倘若豆莢是在兩歲發病，我們還能勇敢地移居到全然陌生的地方嗎？」最初是為了結合開店夢想與豆莢的教育移居來此，如此一想，她便發自內心感謝豆莢帶著一家人來到這裡，遇見了能給予他們足夠安全感的學校及社群。

宜蘭，超乎想像之外的濕冷

充滿自然氣息的山海環境、小地方的人情味、擁有緩慢步調足以細緻對待每一個個體的校園社群，都是小寶一家人鍾愛宜蘭的理由。但談到這裡的氣候，她直言：「完全超乎想像！」

回想剛搬來這座二十幾年的透天中古屋，除了重新拉水線、電線，挖除店面地板重新鋪磚、牽好一樓營業用的大電，並找來專門施作共融式公園繩網遊具的團隊，設計三樓遊戲空間的攀爬網之外，由於一陣子無人居住，北側的房間壁癌尤其嚴重，費了一番工夫始修繕完成。然而四年時光過去，濕漉連綿的雨季使得陽台磁磚長出青苔、外牆防水漆也日漸斑駁，原以為移居前住在近山的木柵，對濕冷環境已有心理準備，然而宜蘭的寒冷在濕氣加乘下，再次冷出了新高度。

原來在宜蘭人的認知裡，房內裝設冷暖氣已是基本常識，這讓僅裝設冷氣機的小寶一家，在這些年陸續添購移動式暖氣，且不只人類怕冷，麵包也無法挨凍，每當冬季氣溫降至七、八度，麵糰發不起來，暖氣就要挪用給麵包大人吹，待麵糰發了、一台台烤箱啟動了，一樓便成了整棟樓裡最溫暖的空間。氣候、人情、自然，構築了一地的面貌，或許世上沒有百分百完美的地方，但對於小寶一家，在經歷了生活上的種種過後，此地就是內心深處最安心的所在。

小寶一家人的移居前後

DATABASE

	移居前		移居後
居住地	台北木柵。	→	宜蘭冬山。
家庭結構	3人 （夫妻、一個小孩、 一隻狗）。	→	3人 （夫妻、一個小孩、 一隻狗、一隻貓）。
住處	木柵租公寓。	→	三層樓透天（地坪36坪） ＋戶外庭院18坪。
交通方式 & 移動範圍	平日：機車+捷運公車 假日：開車前往近郊。	→	開車20分鐘以內 即可上山下海。
工作模式 或 收入來源	夫妻均為公司員工。	→	夫妻共同經營社區型麵包店 「莢麵包」。
鄰里關係	較疏離。	→	與鄰近學校、慈心華德福社群 關係緊密。
興趣	郊山踏青。	→	騎單車、爬山、去海邊。 喜歡在春、秋假安排旅行。

初心陪伴，實踐生活應有的樣子

治德&青樺一家人

文字—李盈瑩
攝影—陳星州

CASE 13
台北市區→宜蘭壯圍

從學生時期開始愛情長跑的治德與青樺，年輕時就有開書店的念頭，無奈台北的生活成本高，索性透過移居實踐夢想，在藝文活動相對貧乏的鄉野盛開文化與知性的花朵。雖然嶄新異地總有意料之外的情境——欠缺支持系統的育兒困境、公車班次過少，但他們始終相信，只要堅持倡議、付諸行動，身處的環境可以變得更好。

「嶼伴書間」是壯圍第一家獨立書店，為當地澆注著鮮活的藝文泉水。

王治德&蔡青樺

一個是熱愛音樂與影像的大叔、一個是熱愛閱讀的知青，兩人攜手來到壯圍鄉間經營書店「嶼伴書間」，辦講座、支持影像創作者發聲之餘，也陪伴女兒語樂在宜蘭的山海溪流一起探索與茁壯。

我們是從這裡開始的……

告白時間：2022年9月25日

治德：我媽媽是花蓮人，雖然後來全家搬到台北，但每年我都會回瑞穗過暑假，溪水抓魚、在村子裡跑跳都是童年日常。

青樺：小學時期家住高雄，後來也是舉家遷居台北，中間也短暫住過桃園，兒時印象就是一直在搬家，即使在台北住過很長一段時間，依舊沒有歸屬感。直到樂樂出生後我們住古亭同安街一帶，她是個想到什麼就說什麼的孩子，容易認識朋友，於是我們在公園結識許多鄰居與她的同齡玩伴，在公園做回收的阿婆會送她一些還很新的玩具，旁邊雜貨店的阿姨也會請她吃果凍，我似乎是在陪伴樂樂長大的過程中，才開始有對一個地方產生家的感覺。

治德：台北的生活成本高，人們得花更多時間投入工作與賺錢。我當時主要拍攝廣告、MV等商業案件，每日早出晚歸幾乎都泡在劇組，年幼的樂樂一連好幾天沒看到我，帶著童稚而疑惑的眼神詢問青樺，「爸爸是不是迷路了，才會找不到家？」她有時會透過桌上喝剩的啤酒罐或其它蛛絲馬跡，感覺到我曾經回來過。因

書店透過主題選書、舉辦各類活動、展覽、講座、紀錄片放映，
分享許多社會或就在自己的生活圈中值得關注思考的議題。

為太少見面了，有次她甚至在我準備出門工作時，脫口而出像是應對客人的寒暄詞：「掰掰～下次再來玩喔！」這些童言童語現在說來輕鬆，但當時聽在心裡聲如洪鐘，十分沉重。

我與青樺在大學時期就開始交往，她喜歡閱讀，我則是熱愛音樂與電影，當時去過一些空間，可能週末是劇場表演，平日就作為學生發表各式作

Q．移居之後，有新喜歡上的食物、食材或料理嗎？

A．青樺：綠色臭豆腐。

樂樂：臭豆腐跟泡菜。

治德：壯圍街上的河粉、蔥煎餅、甕仔雞。

Have you discovered any new favorite dishes?

這個繪本閱讀角落也是舉行各種分享活動的場域。

What object around you brings you the most comfort?

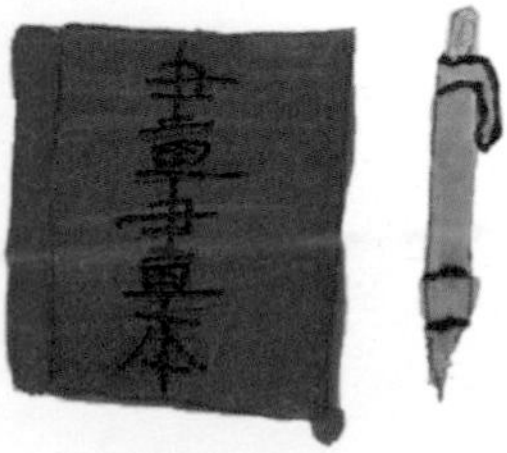

Q．身邊只要有哪樣東西存在，會令你感到安心？

A．青樺、治德：家人，可以一起玩。
樂樂：書、紙和筆，還有家人。

品的場域，因此經營一間書店藝文空間，是我們從年輕時就萌芽的夢想。如今來到這個年歲，身旁的朋友一個個都定下來了，我們也想找回年少時身體力行、說走就走的初心，去實踐我們對未來的想像，找到生活應有的樣子。

然而以我們的經濟狀況，似乎得離開台北才有開店的可能，最初曾考慮我熟悉的花蓮，但由於當時手上仍有些商業拍攝案，也時常需要出國工作，花東在交通上的時間成本實在太高，加上我們與樂樂的朋友圈都在台北，於是宜蘭成為移居之路的折衷選項，後來碰巧在壯圍進行拍攝案件，便選擇在此落腳。

治德：移居後我逐步將重心轉移到紀錄片創作的領域，也在宜蘭縣政府文化局舉辦的「影像興樂園」系列工作坊擔任講師。以前從事純商案，時間壓力大，需要極高的專注力，因此在家裡與小孩對話時常失去耐心。而目前從事紀錄片拍攝或一些偏向記錄類型的商案，兩者都是需要時間打磨的案件類型，可以自己掌握節奏，雖然收入變少，但陪伴孩子的品質提升許多。

青樺：我現在主要負責書店營運，從選書、活動企劃、粉專行銷，到店內烹煮咖啡、前進校園做繪本分享等。不過這年頭書不好賣，需舉辦各式活動吸引人潮進到書店，我們會辦靜態的畫展、攝影展，也有動態的紀錄片放映、各種議題的講座。

位於二樓樓梯間的招牌燈亮了，代表書店正開著。

「嶼伴書間」是壯圍第一家獨立書店，對照宜蘭市的「城鄉潮間帶」以環境、空間、農村書籍為主軸；羅東「stay旅人書店」近來著重的在地文史踏查與兒童文學教育，若要定位「嶼伴書間」，可能就是我一直以來在做的事情的總合吧！比如以前在台北參與社區改造、參與式預算案、新北市社區規劃師培訓及「景美人權文化園區」種子師資培訓等各項工作坊，因此書店會進不少關於轉型正義的書籍；樂樂出生後，我開始關注家庭教育、兒童權利、性別平等的範疇，也對於著墨在個人不同處境的小說或繪本感興趣，希望透過這些選書，讓人們能試著理解不同個體之間的差異，展開溝通並同理對方。

What rituals do you have to start or end each day?

Q・開啟或結束每一天的儀式感？

A・樂樂：跟拉拉說早安晚安。
青樺：唸小孩去睡覺跟起床，早上及晚上的擁抱與「我愛你」。
治德：早上的咖啡，和附近會遇到的動物打招呼。

If immigration could be compared to a song or a movie, what would it be?

Q・如果把移居的過程比喻成一首歌或一部電影，那會是什麼？

A・青樺：《一家子兒咕咕叫》。
治德：《天空之城》。

身邊許多朋友會憂心宜蘭的藝文人口並不如台北龐大，在此經營藝文空間難上加難，但我認為這是需要花時間「養」的，且許多時候並不是沒有需求，而是需求長期被忽視，久而久之便看似無所求。我們曾在書店舉辦長達五天的影像工作坊，就來了不少對影像有濃厚興趣的在地國高中生；平日宜蘭高中或蘭陽女中的老師會帶孩子來這裡聽講座與閱讀、家住書店斜對面的碾米廠阿嬤常帶孫子來店裡看書，也有從事幼教的壯圍居民會來買書，以實際的購買行動支持我們繼續經營。

文化、美感、藝術，是人人都值得擁有的事物，不該只是都會區的專利，無論是書店、畫室、劇場，若有越來越多能夠激發創意的場域在宜蘭深耕，對藝文感興趣的年輕學子就會更願意留在家鄉生活。

青樺：我們是2020年十月遷居壯圍，那年正好遇上連綿三個月的漫長雨季，一日大雨過後，當時租的房子竟因管線堵塞，雨水從頂樓淹到二樓，再從樓梯如滑瀑般流向一樓。或許是頭一年就經歷過震撼教育，對宜蘭冬季多雨的氣候我們已能適應，然而，比起天氣更讓我詫異的，反而是農村的育兒環境。

移居宜蘭，也是為了能更好地陪伴女兒樂樂的成長。

宜蘭在地家長比我想像的還要重視孩子的學業，孩童下課後多半直接送入課輔班，並不是我原先設想的——在農村隨處都有同齡玩伴。再來，就是宜蘭缺乏吸引人的公園遊戲場，沒有空間就難以匯聚人群，孩子不太容易在住家附近認識玩伴，導致移居家庭的育兒處境更顯孤獨。

在台北的時期，我透過住家附近一處閒置空間的改造過程，結識了推廣兒童遊戲權的「還我特色公園行動聯盟」，後來陸續參與組織行動，集結眾人之力成功改造居家周邊幾

Which corner or area makes you feel most relaxed?

樂樂畫的「牛頭司」。

Q · 現在居住的地方，哪一個角落或場域令你感到最放鬆？

A · 書店、牛頭司、福山植物園。

座原本乏人問津、充滿罐頭遊具的公園，讓它們搖身一變成為孩童一放學就立刻飛奔前往的熱門遊戲場！來到宜蘭，我想持續以公民行動的力量改變環境，日前與宜蘭縣政府工商旅遊處洽談，有受邀參與公園改造案的審查會議；一回到壯圍古亭社區分享繪本故事，也趁勢與社區理事長溝通自然遊戲場的改造概念，雖然深知距離實現理想的那一天仍然遙遠，但至少開啟了對話的起頭。

此外，或許有人會認為宜蘭當地溯溪、帆船等野外活動蓬勃，同樣能充實孩子渴望探索與玩樂的心，但我相信，並非所有家庭都能負擔這些裝備與活動費用，而一座能滿足孩童對於爬高、擺盪、旋轉、溜滑等刺激面向，從使用者角度出發設計的公園遊戲場，才是真正能為不同家庭狀況的孩子時時刻刻備在那裡的日常設施。

宜蘭的育兒環境雖不如預想，但這座依山傍海、鄰近溪流的地區仍滋養了我們的生活，夏天我們會去壯圍海邊、去林美石磐散步、到猴洞坑溪玩水，冬季就去礁溪溫泉泡腳。在這裡我們也結識許多當地朋友，樂樂三不五時就到附近的「牛頭司－牛耕小學堂」與牛隻互動順便充當小幫手，或到樓下的「圍食堂」、「很美 Handmade」咖啡廳串門子，探索鄰里。

治德：我覺得每個起心動念想要移居的人，前進的地方都至少都有一個你目前生活所缺乏的特質，才能驅使自己做這麼大的改變。然而旅行與生活是兩回事，去除那些迷人的風景，一個地方的基礎建設才是與生活緊緊相扣的事物。

就拿壯圍境內的公車來舉例，一天僅有三個班次，且最末班甚至在傍晚四、五點就戛然而止，它設置的思維就是給長者清早搭公車到市區醫院，就診完再搭車回來，並未考量

Q．移居過程中，曾捨棄掉哪個最捨不得的物件？

A．青樺：使用很久的紅色沙發，有很多跟拉拉和家人窩在一起的回憶。
治德：無形的，可以方便看電影、看表演的機會。

What was the most difficult item to part with?

（圖片提供©治德＆青樺）

學生或其它族群。有一次我提早十五分鐘抵達站牌，殊不知因為搭的人少，車子老早就呼嘯而過，亦曾聽聞公車司機臨時請假，讓民眾空等多時的情形。

我相信這些情況在花東或其他偏鄉也會發生，這是赤裸裸無法迴避的層面，以至於移居這件事，比起懷抱過多浪漫的情懷與想像，更需要貼近現實，從營生與經濟、育兒環境與資源、縣內交通，以及地方對行人的友善程度等面向，去思考移居後的生活，最重要的是不要忘記決定移居的初衷。

When do you fe happiest or most free every day?

Q · 每天感到最快樂或最自由的時刻是？

A · 青樺：在書店自在地擺出很棒的主題時。
治德：聞到咖啡香，夏天下午的陽光灑進來。
樂樂：書店下班回家吃晚飯的時候。

現階段選擇自學的語樂，每週會固定到畫室上她最愛的繪畫課。（圖片提供©治德＆青樺）

實踐移居多年後的他們……

探訪時間：2024年3月12日

在鄉村經營書店大不易，青樺選擇了主動出擊，踏入校園進班共讀，透過書中的各種議題帶給孩子全新視野；治德持續從事影像創作；女兒語樂（樂樂）則在近年回歸自學。生活一面前進，雖有屬於地方的不足，但也因來到了地方，時間被釋放開來，賦予人生更多的可能性。

受限於地理位置的書店觸及率

隱身在二樓的「嶼伴書間」，雖然樓下就是知名的燒烤店與甜點鋪，依舊讓許多客人走過路過卻錯過。為吸引顧客上門，青樺辦繪本展、新書發表會、議題展覽、影像放映等，但有時講師敲定了，卻因報名人數不足必須取消，常覺得很可惜。目前書店的收支仍未達到損益平衡，加上青樺希望大家能持續看見創作者們的努力心血，每月仍會進不少新書到店裡，租金、書款、講師費，筆筆都是開銷。然而，書籍對一般大眾而言畢竟不是必要支出，許多書店都需透過辦活動或多角化經營來為書店續命，如何面對不景氣的書業大環境，對他們而言仍是個難題。

近年來她積極與學校洽談，以志工身分到鄰近小學進班共讀，藉由各種小說或繪本的議題與孩童分享視野，許多孩子聽得興味盎然、踴躍發問；但當青樺進一步邀請他們多來店裡走逛，卻發現許多不住在學校附近的孩子需要等家長接送，也有些孩子得去補習，較難有時間到附近的書店看看。不同於大城市高年級的小學生已是能夠自主移動的年紀，鄉下孩子受限於不甚便利的大眾運輸系統，難以靠自己的力量在不同場域間來去自如。

治德從旁補充：「開書店的初衷，是希望這間店能成為一個日常的地景存在，能自然融入居民的生活之中，比較不是像現在這樣需透過尋寶的過程才能抵達。」因此，也不排除將來遷移到交通更便利的地方開書店，這是一家人近年來努力思考的方向，且這份考量，也與逐漸邁向青春期的語樂有關。

在市集中出攤，青樺和大小朋友一起閱讀繪本。（圖片提供© 治德＆青樺）

薰陶於藝文與自然風土的自學生涯

由於不習慣學校制度以及越益繁多的課業量占掉自由的空白時間，語樂在國小三年級初便提出回歸自學生活的想法。現年四年級的她，每週會固定到畫室上她最愛的繪畫課，以及到工作室學習裁縫、版畫、捏陶等生活工藝，也固定到鄰近的「牛頭司」農場當小幫手，從草飼準備、替牛刷背清潔、為遊客解說，她都躍躍欲試。在書店，當語樂讀到喜歡的書籍，會請媽媽幫她錄製推書影片；在爸爸開設的影像課堂上，她有時充當課堂的小助手，有時則拾起相機成為學員的一份子，練習用鏡頭觀看自身所處的環境。

宜蘭親土與遼闊的地方特質，滿足了語樂對自然動物的好奇，但若需更多元的學習刺激，因地利之便仍不免要往台北跑。青樺認為，如同許多二線城市，宜蘭的展館多為單向教學，展館活動及導覽活動也多屬煙火般的短暫體驗，所獲得的學習較為片面，大城市則有較豐富的互動式教學與展覽，學習歷程會更加深刻。

除此之外，治德與青樺也觀察即將升上高年級的語樂，開始會注重打扮、對流行文化的好奇與日俱增，因此孩子的發展與對生活的想像，也是青樺、治德一家決定家庭前進方向的重要一票，未來對於他們而言，始終保持彈性及可能性。

選擇心之所向，成就生活的樣子

回想初來宜蘭時，地方社群間的活動邀約熱絡，懷著「應該要多認識人」的心情，兩人曾一度將社交能量消耗殆盡。如今已懂得適度拒絕，也以自己的節奏結識互助友好的宜蘭在地社群、公部門以及學校老師。青樺覺得，宜蘭緩慢的步調讓她有餘裕去感受自己要什麼，能夠跳脫過往在台北，好像每日醒來就會被四面八方的雜訊所淹沒的狀態。而從事紀錄片拍攝的治德則認為，相對於在台北被金錢與工作追著跑的日子，宜蘭較低的生活成本，讓他的時間被釋放，能夠醞釀創作靈感，也有更多心力陪伴孩子長大。

治德進一步總結：「我們從小到大的成長經驗，常會覺得自己能夠選擇的並不多，然而，『擁有選項』其實就是自由的表徵。因此當語樂在體制內學習的期間，表達了一整天都沒有開心的事、彷彿就是為了作業在生活，每日回家都呈現被掏空的樣子，我們沒有逼迫她去接受這一切，而是讓她明白自己擁有選擇的權利，以及我們永遠支持她。」

於是，移居他方、開書店、自學，都是一種選項，每個人透過選擇，實踐了心之所向的生活樣貌。如同「嶼伴書間」選書風格所呈現的議題與倡議，同樣也想讓來店的讀者看見多元豐富的選擇，而我們怎麼選擇，就會變成我們生活的樣子，以及社會的樣子。

治德也時常思考：「人們常說財富自由了，就能做更多想做的事，但你想做的事究竟是什麼？而這些事情非得要有足夠金錢才能實現嗎？有些事情，我們是真的沒得選嗎？」移居宜蘭邁入第四個年頭，對一家三人而言，無論生活、工作、學習，都像在實踐一條關於選擇的自我賦權之路。

語樂豐碩的自學成果。（圖片提供©治德＆青樺）

圖片提供©治德＆青樺

治德＆青樺一家人的移居前後

DATABASE

	移居前		移居後
居住地	台北市區。	→	宜蘭壯圍。
家庭結構	3人 （夫妻、1個小孩）。	→	3人 （夫妻、1個小孩）。
住處	古亭捷運站附近 租公寓40坪。	→	購屋，公寓25坪。
交通方式 ＆ 移動範圍	步行、公車、捷運、 摩托車。	→	步行、單車、滑板車、汽車、 摩托車、公車、客運、火車。
工作模式 或 收入來源	治德｜影像工作。 青樺｜NGO及親職。	→	治德｜影像與教學工作。 青樺｜經營書店「嶼伴書間」、擔任故事老師。 語樂｜自學生。
鄰里關係	透過公園場域認識不少街坊鄰居，孩子常一起玩，大人會互相聊天，幾乎每天碰面。	→	書店周邊店家常見面，會打招呼或聊天。所居住的社區較冷淡，住戶各忙自己的事，部分住戶只有渡假才回宜蘭。
興趣	全家都喜歡看書、 看電影、聽音樂。	→	全家都喜歡看書、看電影、聽音樂、跟附近的狗玩、親近大自然。

CHAPTER 4
與自然土地共生

。自建家屋。

。從農／自給自足。

插畫©Jojo Chiu

移居，是帶著原本的生活一起出發

凱力、阿勳

文字—小海
攝影—李維尼

CASE 14

台南市區→台東東河→台東市區、台東成功

到了中年，體力沒有年輕時好，養育孩子也會有很多現實困難，但被一路的挫折訓練、被各種從無到有磨練。凱力、阿勳認為移居前後，其實沒有所謂哪一邊的生活比較好，但過程卻真真正正的滋養了生命。生活之所以讓我們渴望，就是因為每天都比昨天更懂得追尋美好的方式。

凱力、阿勳

育有三個女兒。原居於台南經營「飛魚記憶美術館」，一間與眾不同的攝影工作室；數年前舉家遷居東岸，在芭蕉園裡重砌一方天地。現各自邁入不同的生命階段，持續與孩子們一起練習並探索移居的多元樣貌。

我們是從這裡開始的……

告白時間：2018年6月4日

如果可以跟即將移居的人說一句話，我應該會是說「不要來」。

有點驚訝吧，但這是多年移居生活給我們最大的啟示。我們自己帶著三個孩子遷居到台東，看著各種移居者來來去去，我相信這樣一句話拒絕，反而會讓人想問「為什麼」。是的，為什麼？關於移居，原本大家都在問怎麼買地、蓋房子？怎麼交新朋友、在哪裡採購生活用品？但是在問這些問題之前，你知道自己為何而來嗎？又或者，你最應該知道的是——自己是誰。什麼樣的你來到了台東？你的來到是為了越過原本所處世界，逃進這片寬廣的山海嗎？還是你能理解生活是不間斷的累積，我們前仆後繼離開與抵達不同地方，其實都在這場生命的同心圓裡。

我還記得剛來時，小女兒出生滿月抱在手上。那時全家住在帳篷裡好幾個月，要洗澡必須先露天燒好熱水，再端進帳篷。當時，我們正在蓋自己的家屋，決心搬過來前也是猶疑了一陣子。真正搬過來後，蓋房子遭遇的挫折像無底洞一樣，再再挑戰我們的極限。

當那段時間告一段落，我

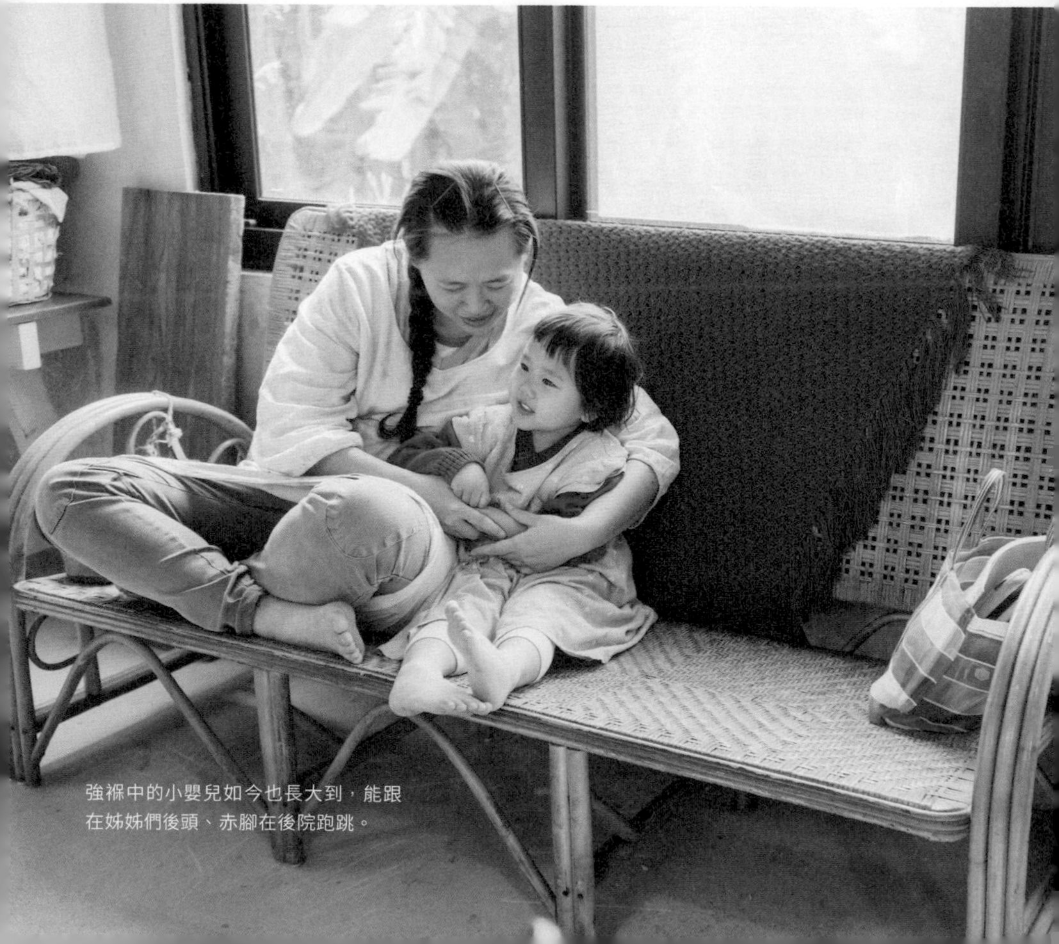

強褓中的小嬰兒如今也長大到，能跟在姊姊們後頭、赤腳在後院跑跳。

們帶著孩子回到台南，我才發現擁有一個有屋頂、有水龍頭的家是多麼幸福。但這樣兩地的差異相比，會讓我們懼怕未來，反而想退回過去熟悉的環境嗎？並沒有，我們從鏡面的反射中看到一種真實，來自新

Q · 如果把移居的過程比喻成一首歌或一部電影，那會是什麼？

A · 阿勳：在台東的日子就像是電影《神奇大隊長》，父母帶領著孩子到深山中生活的故事。電影裡能看到父母扛住社會的壓力和輿論，透過自學想讓孩子成為他本來的樣子。這其中的感受和過程真的很像，或許人生真的是要在苦難中，透過練習慢慢靠近自已，才是成長。而不是為了一個舒服的幻象，假裝自已活著。

If immigration could be

compared to a song or a movie,
what would it be?

When do you feel happiest or most free every day?

Q・每天感到最快樂或最自由的時刻是？

A・凱力：吹風的時候最自由；泡海水的時候最快樂。

阿勳：跟孩子一起拍照，一起做菜，一起開玩笑的時候。隨著孩子慢慢長大，漸漸發現選擇在哪個城市生活似乎沒有這麼重要。對我而言，不管身處在世界的哪個角落，如果都能誠實的面對自我，順著心中的流而動，自然就會快樂。自由是什麼，其實自由就是每一刻，看你願不願意為自己決定而已。

環境的陌生，說明了舊環境裡的珍貴，而這些珍貴直指生活的本質，告訴我們人活著，需要的不就是這些嗎？了解這件事以後，更加給我們力量與信心，接納移居過程裡的各種挑戰。這就是為什麼我會說「不要來」。很多人以為移居只關係到地點的改變，但不知道應該要改變的是人。

在這裡我們看見太多人的生活與自我是分離的，太多人只是利用這個環境卻不是善用，太多人想要複製他人的生活，卻不清楚那樣的生活來自完整擁抱這塊土地、福禍相守的共生。當我們決定帶著孩子來到這，就是希望他們能夠學到無論身處何處，都可以接納與給予、都可以面對社會。移居不是拋棄前一個所在、錨定新的處所，移居其實是用自己當作養分，連接兩地的熟悉與陌生。

搬到台東之前，我們原本在台南經營一間叫做「飛魚記憶美術館」的婚紗攝影工作室，那段時期總是忙碌且充實。攝影是我為之瘋狂的事，可以早出晚歸。因為年輕也非常有幹勁，從來沒有休過長假。如果真的有假期，大概都是往墾丁之類的地方去做娛樂消費。

大概都是大約十幾年前開始，偶爾跟著朋友來到東海岸，誰不會被這裡吸引呢？我們看見這裡的步調與節奏，才理解休息的美好。當時機緣巧合買了一塊地，即使對台東的地理氣候什麼都沒概念，但看著海就想說：有一天來這裡生活吧。不過，隨著人生際遇流轉，孩子一個個出生，我們在

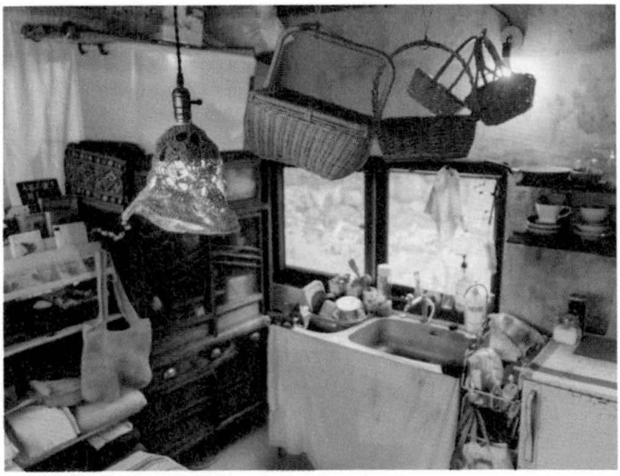

台南開始減少攝影工作分量，轉而打造一間老屋「木子」。讓來自世界各地的旅人，分享我們對空間與家的想像。對我們來說，生活本來就是在生活了，在台南時也在生活，為什麼要搬到台東呢？最具體也是最直接的，當然是因為這邊環境好。隨時可以瞭望蔚藍大海，暢快的風與新鮮空氣輕撫臉龐。我小時候在鄉下長大，當時的記憶對我影響很多，所以心中一直有將來要在鄉下生活的念頭。沒想到這個念頭不斷迴響，加上三個女兒的出生，就讓我們走到這裡了。

如果要說移居這麼多年來還有什麼不習慣的？應該就是對食物的眷戀吧。身心明明已

他們希望在這片無限可能的土地上，讓孩子們長成自己想要的樣子。

經抵達，「胃」卻始終還沒落腳。不可諱言，台南的美食街頭巷尾、臥虎藏龍，加上我們過去住在鬧區，出門不遠就隨手可得出色餐點。來到台東後住進鄉間、自己必須下廚的生活很不一樣。自己煮雖然也別有一番滋味，但有時就是會想念一些味道。我們住在離台東市區車程四十五分鐘的地方，即便開車大老遠前往，也無法找到可以填補渴望的味道。

相較於不習慣，大多數事物我們卻是很快就習慣了。當朋友們抱怨台東氣候，夏天太熱、冬天風大又潮濕，我們卻甘之如飴。搬到這向海的土地上，自己扎根蓋房，真的是隨時都在感受自然變化。這些變化原來就是四季呀，是春夏秋冬，是人應該張開感官就能理解的，我們遺忘萬物其實會用各種方式，向人們訴說時光一分一秒的在過。

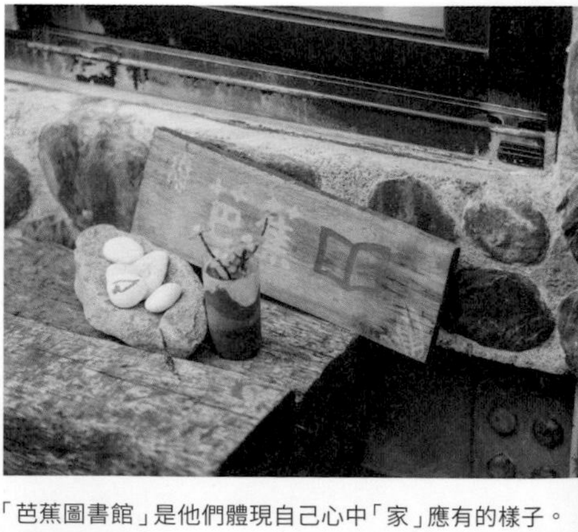

「芭蕉圖書館」是他們體現自己心中「家」應有的樣子。

很多人以為移居的變動，對小孩來說肯定辛苦，但其實一點也不。擔憂外在環境、被過去經驗局限的是大人的心境，因為我們想要便利、想要可以掌控的安全感，所以來到陌生環境時會有很多東西需要克服。這些克服是針對移居後的外在環境嗎？其實顯現的，是來自我們沒辦法克服自己的內在吧！

孩子們不一樣，他們的內在非常開放，可塑性與適應力也都比大人們強。對他們來說環境沒有好或不好，就是經驗而已，沒有遇過的事物都是一場新的體驗。大人能夠做的，其實就是不斷練習如何回應孩子們的反應。他們長大的速度很快，每個時期都會對事物有新的反應方式，而我們能不能夠理解、該怎麼適當的接受，才是他們是否能夠好好生活在當下的原因。這無論是移居前後、哪一種環境，我們都必須學會如何陪伴孩子的方式。

台東是一片充滿野性、無限可能的環境，但因為人口數比較少，所以對於外來移居者相對較有戒心。我們花了一些時間遇見有相同價值觀的在地社群，也慢慢和村子裡的在地人們看見彼此真性情。被視為一分子後，這裡的關懷也相當熱情和親切，並不少於家鄉台南。

Which corner or area makes you feel most relaxed?

Q・現在居住的地方，哪一個角落或場域令你感到最放鬆？

A・凱力：烏心石下的看海平台跟沙發。

阿勳：居住的地方離海很近，工作累了，就會去海邊走走。有時想下海，在清晨都沒人的海邊，什麼都沒穿，就這樣跳進海裡，很放鬆也很享受（或許這就是台東的優點——沒人），哈！

離開熟悉的台南，我們從來不覺得難以割捨，至今它仍在源源不絕地供給我們養分。家人們在那裡，我們也會不時回去拜訪。所以移居到台東對我來說，從來不是意味著與其他現實世界的哪一部分斷掉；相反的，我是在把世界拉進這個地方，這樣才能扎實的生活。

移居不應該是為了開創一個未來而掩蓋過去。它是帶著原本的生活一起出發，抵達後原本的記憶日夜與新的體驗一起成長。即使像我們從台南移居到台東，如此截然不同的兩種環境，但我們認真過好每一天的目標沒有改變，孩子們也才會看到生活的力量。

來到台東後，物質生活變得很簡單，現在我們的經濟來源是仰賴過去累積的一切，並且緩緩地重新開始。原本規劃中估計台南的事業多少可以支援這裡，但後來發現不行，只能立刻面對並且調整。這個過程無疑是辛苦的，尤其面對經濟的不穩定，但我們都藉此學到很多東西。

如果現在有人問我來到台東是為了定居嗎？我會回答是為了生命的練習。新環境的刺激讓我看清楚自己的樣貌，也更相信自己。當心中總是有幽微焦慮、生活中沒辦法擁有全然的穩定時，我們的心志卻更強韌，包括對攝影的愛，對孩子教育的珍視，這些都慢慢長成向著太平洋的「芭蕉圖書館」與「泥地裡的小蝸牛與鹿」。

在城市裡時為了理解如何養育小孩，我們收集了很多關於教養的書與知識。但隨著三個

Q．身邊只要有哪樣東西存在，會令你感到安心？

A．凱力：可以焚燒的植物。

What object around you brings you the most comfort?

孩子對世界萬物的體驗向來是開放的，所有事物都是新鮮的。

女兒陸續成長，我們來到台東鄉間，發現生活的組成可以更單純地面對孩子，這是非常大的贈禮。我們有足夠的時間與空間仔細與他們相處，就能看到小孩的世界比我們還廣大，但我們大人卻用小小的視野去控制和詮釋他們。

在這樣的彼此學習與教導中，我們慢慢規劃把「芭蕉圖書館」醞釀成一個傳遞經驗與喜悅的空間。「泥地裡的小蝸牛與鹿」則是三個女兒的名字合起來，是我們這些年親手搭建的家屋，就位在四季更迭的森林裡。我們想向世界分享我們的樣貌，就如同當初在台南一樣，只是如今換了一個位置，而我們一家也在移居到定居的練習中，更加成熟與完滿。

What was the most difficult item to part with?

Q・移居過程中，曾捨棄掉哪個最捨不得的物件？

A・凱力：台南的家人與食物。

阿勳：或許是攝影吧！因為來台東十年間蓋了三棟房子（從地基到屋頂），直到十年後的今天，我在鎖屋頂時，才發現自已最喜歡的還是攝影，但說曾經放棄好像也不是，或許攝影的感受都還在，只是換了一個工具（建築），但這個工具用膩了，想再回到攝影而已。人生不就是如此，如果人生只有一個目標，那豈不是太可惜了。或許重要的也不是目標，而是過程吧。

阿勳開始在台南做一些拍照的教學。（圖片提供© 阿勳）

實踐移居多年後的阿勳……

探訪時間：2024年3月2日

「我發現，去哪生活，都不是最大的重點。」移居第十年，阿勳與凱力恢復單身，三個孩子輪流到兩人的處所居住。「我感覺到孩子跟你在哪裡，其實都可以是生活的狀態。」在旁人眼中，居住空間的改變是件大事。但是阿勳凱力與三個孩子，從台南移居到台東後，並沒有固定下來。從最初住在帳棚，又搬過兩三次家，到此刻孩子在兩人各自租賃的房子裡生活。就算在同一片土地上，「定居」的想像也可以比既有認知多更多可能。

「他們都還滿習慣的。」阿勳觀察到，「反而是進入學校後，很多東西被改變。」阿勳形容孩子還小時，會希望讓自己的身體完完全全動起來，因此會想要爬樹、玩水。那時的她們即便住在帳篷裡必須每天燒柴洗澡，都樂於其中。「上了學校，她們覺得成績是重要的、同儕是重要的。」因為就學，舉家搬進市區，孩子們的生活也就跟之前在森林裡大不相同。但那種差異，並不是所謂市區與郊區的比較，而是「孩子要的是什麼對我們來說比較重要」阿勳說。「小孩長大了，她就會說她想要什麼、喜歡什麼、想學什麼。」生活在台東市，雖然學習資源較多，但是多元性與豐富度仍然匱乏。「我帶孩子來到這裡，就是希望他們可以找到自己。」阿勳相信了解自己、找到自己會是美好生活的核心，這個經驗來自成長歷練，「一定要在自己喜歡的事情上面，用力地去經歷一切。」阿勳說。

生命重心的再度轉移

他在台南做了十年的攝影，來到台東後做了十年建築，接下來想要投入教育。他知道為了喜愛的事物，人就會用力地去面對顛簸與挫折，面對一切。「不斷的對每個工作提出自己生命裡面的問題，你就可以在其中找到屬於自己的建築、教育……。」他觀察到現代人大多在不喜歡的事情裡去面對人生，因此不敢夢想、不敢做出許多決定，這讓他對孩子的教育更著重在找到自己喜好。

「學校為什麼重要？是因為以前知識不好獲取，所以需要學校把全部的知識塞在裡面去教育他們，可是現在教育太容易獲取了。」阿勳對教育的想像很寬廣，學習本身就可以在社會裡、在勞動裡、也在興趣裡，這不是必然要切分開的生命階段。

「在台南，我想做的是以攝影為主的教育。」阿勳計劃著下一段空間與

女兒喜歡攝影，會一起去拍照。（圖片提供©阿勳）

生活。攝影可以遇到人，可以聽故事也可以講故事。與其要對孩子們講人生的道理，可以直接給他工具、讓他在喜歡的情況下，去經歷也去掌握人生。這樣的教育想像無法在台東展開，因此阿勳有了前往台南的想法。

再度移居，再度展開新領域的探索，不再年輕的自己，阿勳為何仍敢有這些想像？「移居我覺得最大的獲得，不是在於空間也不在於地方。我覺得最大的獲得是練習。」在城市裡練習城市的生活，在鄉下練習鄉下的生活。當兩個模式都練習後，就把這兩個都放在自己身體裡。「我到城市還是可以抱著台東的感覺在生活，到了台東，也可以抱著城市那種前進的、追逐自己的感覺。」

阿勳來到台東後從自蓋家屋開始，投入建築專業。現在已經可以從無到有蓋出房子，只是，有天他蓋到屋頂時，忽然有句話進入心坎。「內心有一股聲音說，我好像還是比較喜歡拍照。」重拾舊業，阿勳聽從自己的心，雖然身上肌肉的記憶已經不同，「拿滑鼠的手都會痠。」但是從那刻起，他重新開始攝影，甚至做起以攝影為主的教育夢。雖然望向以往的耀眼成績，他邊做邊是膽戰心驚。「可是，我就是開始做，一直做。」「我覺得這是台東給我的力量，就是練習。」「不要再去想了！」「做到後來才發現，我不是要找回以前的自己，而是在創造一個屬於現在的自己。」

圖片提供©凱力

實踐移居多年後的凱力……

探訪時間：2024年3月4日

「那是一段非常棒、也很滋養的生活。」凱力想到移居最初，總在努力跟隨原始的自然節拍。不裝冷氣、使用生態廁所，或是無論天冷天熱都自己除草。「但是現在，我就是要吹冷氣、用洗脫烘洗衣機、還有掃地機器人！」開玩笑般的宣言，卻是最真實的心境。

當初選擇移居，並不是為了特定生活形式的朝聖，而是為當下的需要選擇環境。像是想與孩子們一起親近自然、或是想創造另一個空間的可能。因此，當生命的階段不同、需要不同、生活的樣貌自然就會改變。「以前還可以靠存款，現在就是要有經濟收入。所以有工作的事情要處理，還要照顧小孩、照顧自己……」「而且，年紀也不同了。」除草這類大量勞動的事務一定請人代勞，現代化家電多少能讓分身乏術的人喘口氣。加上前幾年凱力與阿動分開，移居近十年要說起生活的改變恐怕不少。

凱力現在有一半時間在市區裡陪伴孩子，另一半時間則回到位在東河的「泥地裡的小蝸牛與鹿」。原本也在同樣位置的「芭蕉圖書館」，過去幾年輾轉換過不同地方，現在停留在成功鎮上的一間老屋裡，這兩個空間目前由凱力與一群夥伴協力經營著。這群夥伴並不是全職參與，而是「不同人支援，完成了整個像作品一樣的運作。」凱力解釋。

他們有的是移居者、二地居者，或者有些只是換宿的旅人們。一邊捕捉東海岸的陽光與風，一邊創造出兩個空間的運作。凱力非常喜歡和這群夥伴們工作的氛圍，「不是壓榨自己，而是用自己能夠適應的節奏去經營。」她說，「大家其實對大自然的生活都很嚮往很喜歡。」凱力知道東海岸這個環境能夠回應所有人在不同生命階段的提問，如同回答了之前走入生命低谷的她。

境隨心轉，先照顧好自己的內在，外面的世界才會隨之閃閃發光

去年一場颱風，吹倒「泥地裡的小蝸牛與鹿」旁原本茂密的樹林，未曾出現的絕美海景直接躍入凱力窗內。「大自然它有自己的安排，不是你可以控制。」「但它的轉變你都可以照映到自己的內在。」凱力知道外在的環境與內在自我是互為循環，活在世上，很多事情會一直回到自己心中去探詢、去思考，我們到底過著什麼樣的人生？「以前會用壓榨自己來證明我活在這個世界上，現在才知

道疼惜自己是很重要的。我得要真正的可以愛自己、珍惜自己，我住在這裡的價值、或我現在正在做的事情，才有一點可能性被分享。」

「泥地裡的小蝸牛與鹿」與「芭蕉圖書館」目前都有提供住宿服務，前者偶爾舉辦療癒身心的工作坊。凱力主要在協助空間的維持，而其他時間就前往市區與三個孩子們一起生活。「她們現在就是進入青春期啊，小少女的狀態。這個階段她們開始想要探索外面的世界。」孩子們從就學到青春期，對家庭的需求與互動越來越少，但凱力和女兒們有共同的活動，可以一起聽歌、一起逛街，「我覺得在台東最幸福的，就是一起去泡湯。」有時去知本，有時跑到玉里安通，女兒們也相當喜歡，「我就幫她們洗頭啊，一起敷面膜、一起整理身體。」

生命的階段在前進，生活的樣貌會改變，但是我們如何選擇與外在環境相處，就會創造出我們內心想要體驗的時光。

圖片提供©凱力

凱力的移居前後

DATABASE

	移居前		第一次移居		第二次移居
居住地	台南中西區。	→	台東東河。	→	台東成功。
家庭結構	2人+3小孩。	→	2人+3小孩。	→	2人+3小孩。
住處	改造後的老房子。	→	自建平房。	→	市區租透天，東河自建屋。
交通方式 & 移動範圍	機車，台南市區。	→	機車，家附近的山海。	→	休旅車，主要在市區和成功之間。
工作模式或收入來源	婚紗公司。	→	存款。	→	經營「泥地裡的小蝸牛與鹿」和「芭蕉圖書館」。
鄰里關係	人口密集，很常遇到鄰里朋友，遇到就互動。	→	主要與家人，偶爾與鄰居互動。	→	跟工作夥伴互動居多，鄰里遇到會打招呼。
興趣	看展、看電影、海邊看夕陽。	→	一家人做什麼都很有趣。	→	鄉下生活每件事都是興趣，作純露，煮飯起火堆。

阿動的移居前後

DATABASE

	移居前		第一次移居		第二次移居
居住地	台南中西區。	→	台東東河。	→	台東市區。
家庭結構	2人+3小孩。	→	2人+3小孩。	→	2人+3小孩。
住處	透天自購。	→	自建平房。	→	透天租賃。
交通方式 & 移動範圍	生活大多使用機車，工作有時出差國外。	→	機車，家附近的山海。	→	生活機車(台東市區到東河)，工作開車(全台)。
工作模式或收入來源	婚紗公司。	→	存款。	→	攝影接案。
鄰里關係	和鄰居時常互動。	→	主要與家人，偶爾與鄰居互動。	→	和鄰居時常互動。
興趣	放鬆的娛樂。	→	一家人做什麼都很有趣。	→	和自己對話。

我們在這裡老去，回歸大地

慧儀&Peter

文字—江慧儀（告白篇）、小海（採訪篇）
攝影—李忠勳

CASE 15
新北新店→台東東河

兩人的移居是從城市到鄉村，十年來經歷了學習與在地人溝通，實踐自力造屋、食物森林，也藉由分享自身生活理念與經驗，讓更多人有信心回歸土地，生活圈也從個人擴展到有相同理念和生活方式的社群。在這裡，慧儀＆Peter為自己創造了故鄉和家園。

長年的經營，兩人已在這塊土地上種植出豐富的食物森林。

慧儀&Peter
認為自己是地球這艘太空船的旅人、過客，因此將工作室取名為「大地旅人」。以樸門永續設計為指引，在台東東河營造生態家園。

我們是從這裡開始的……

告白時間：2021年7月12日

我們兩人都是在都市長大的孩子，也都是家中的老么。Peter成長於美國威斯康辛州政府所在地Madison，是一個人文薈萃、思想較前衛的大學城。在大學植物園旁優質住宅區長大的他，下課喜歡往城市邊界的森林探索，骨子裡一直是個在大自然才會自在的孩子。我們認識的時候，我家還在新北市板橋很擁擠的舊巷弄公寓中，他常開玩笑說我是「在板橋長出的環保份子」，意有所指地認為，在那樣（不適人居的）環境中長大的人，會投入大自然懷抱好像是件難得的事情。

我也確實從小就與自然很疏離，因為那從不在成長的經驗中。事實上，一直到二十三歲冒險的天性引著我離開台北，到雲林麥寮教英文的第一份工作才開啟我的自然天線，還沒有六輕的年代，麥寮有著一種滄桑美，無論是夕照、星空。至今我都還記得那時晚上空氣中土壤的味道……台灣鄉村單純的美，美到讓我許下一個為環境而工作的心願，一直到現在。

二十幾歲的我們，因為有著對環境與地球相同的關懷與願景，很早就開始萌發有天要移居鄉村、仰賴土地而生的想法，因此，目前的狀態是一直照著當年的感覺與內心想望而發展。

樸門永續設計的概念中，也要學習動物系統的安排與照顧。慧儀&Peter的家園中有一群可愛的鴨鵝，為他們提供簡單的動物蛋白質。

移居台東前，我們在台北住了十年，從事環境教育以及城市的樸門永續設計（Permaculture）教學。因為生活中不能沒有自然，即便在繁華都市也選擇公車（最後一站）可以抵達的郊區，以便享受城鄉邊界帶來的好處，每天

Q・移居之後，有新喜歡上的食物、食材或料理嗎？

A・自家現採現做的沙拉，用阿美族的珠蔥加上香菜沾醬油。

Have you discovered any new favorite foods or dishes?

When do you feel happiest or most free every day?

Q · 每天感到最快樂或最自由的時刻是？

A · Peter：和狗狗去海邊散步游泳。
慧儀：瑜伽練習。

跟多數人一樣穿著不會招來特殊眼光的衣著，搭公車到城裡上班。回到家，就能看見山，假日就在山裡走走、在屋頂闢個小農園生產食物、練習收集雨水，準備哪一天如願搬離台北就能用上這些技能。

住台北期間，我們經常到台東探訪老友，順便尋覓有緣的土地。會鎖定台東是因為台東有台灣最多元的民族與生活文化，當然，太平洋的海與海岸山脈也召喚著我們。但其實這些選擇的背後有一個嚴肅的，且最重要的原因：我們從年輕時就很關心能源、地球暖化、氣候變遷的問題，深感人類社會不能再維持高度仰賴資本主義支撐的高耗能生活。所以，

「用自己的力量創造生活所需的所在，包括自耕自食、有效率的能源使用、資源自主率高到足以防災的韌性生活」，是我們的目標。

尋找新家園的八年間，發覺似乎永遠追不上土地價格飆漲的速度，從三十到三十七歲，我們漸漸感到不耐。當覺得無法再等待那一塊「最好的地」出現時，它就出現了。它不是一般人眼中最好的地，但卻是當時兩人工作近十年唯一買得起的一片荒地。此外它雖沒有東海岸無敵的海景，但大小剛好，朝南、北面有小屏障，對於種植、太陽能的使用都有天生的優勢。想看海時，剛好有理由每天散步到海邊。

東河家園的自然建築家屋都是由兩人自建自蓋完成，經年累月的使用，需要不時地維護修補。

移居、轉型的過程相當漫長且充滿考驗。考驗自己的耐心耐力，也考驗著理解他人、理解土地的能力。找到土地後的前兩年，我們還被工作綁在台北。心裡想，讓雜草自由生長也是一種修復土地的方式，沒想到，兩年後再次踏上這塊土地，眼前所見，並非想像中長滿茂密的雜草，而是光禿禿枯黃一片……對照周邊地景，可想而知，一直有人在我們的土地使用大型機具翻土，甚至在周圍噴灑除草劑，且他們認為這是在幫忙管理土地。

當時我們氣急敗壞、想找「好心的鄰居」理論，卻換來一口吐在我們面前的檳榔汁。如果要說移居有什麼挫折或不適應之處，鄉村廢耕地的除草劑濫用應該算是最早的文化衝擊吧！當時才發覺作為新移民，學習與不同成長背景的在地人溝通，需要更多的同理心

在親手建造的廚房中，料理美味的食物。

與嘗試從他人的角度理解。即便心裡知道如此，不同價值觀與理念之間的溝通過程仍是充滿挑戰，至今十年來也還在學習。

在建造家園的初期，我們仍處在生活與經濟的轉型期，台北台東兩邊跑，但在鄰近的村子裡租屋，方便每次回來就近開始種樹，同時利用果樹成長的時間以所學專業——樸門永續設計的概念，來設計未來家園的樣貌。包括房子的方位如何與陽光路徑搭配、水資源的循環設計、食物森林區與一年生菜園區的配置、動物系統的安排等等。

由於實踐自力造屋，房子的一切幾乎都是由自然素材與二手材料親手打造，因此等到幾年之後有了牆壁，才得以搬進來生活。待一切生活所需資源都差不多到位，我們也愛上這片土地，每次回台北就想馬上辦完事情離開。同時，我們也開始在自家舉辦樸門永續設計的培訓課程，將專業（也是生活理念與方式）分享給更多

戶外廚房區。

人。每年也會舉辦數次專業培訓課程，在疫情之前，有些學員會遠從不同的華語地區國家前來參加。由於這樣的基礎讓我們不大需要再回台北工作，可以專心地經營這個家園，讓它持續成長為一個永續設計的示範基地，在生活與經濟之間取得微妙的平衡。

移居的十年，偶爾會駐足回想這段歷程。曾短暫惋惜過因為移居鄉下，新台幣收入與世俗眼光下的發展機會似乎變少，但很快地就會發覺除此之外，人生的開展與潛能發揮，以及被大自然滋養的生活真的超乎預期。移居後的我們學習了善用陽光熱能烹飪、光能發電、百分之百以雨水過生活；學習從土地到餐桌的自耕自食歷程，包括保存和釀造；學習照顧與餵養動物，取得一些動物性蛋白質；而透過提供蜜蜂一個安全無毒的自然環境，與牠們分享少量的蜂蜜作為一天當中少量的糖分來源……。

這一路雖然曾有起起伏伏、甚至些微不安感，然而隨著家園的食物森林成長、動植物、昆蟲相愈來愈多元豐富，坐在農園前的椅子享用下午茶時，

每天都可以吃到現採的食材。

Which corner or area makes you feel most relaxed?

Q·現在居住的地方，哪一個角落或場域令你感到最放鬆？

A·菜園。

What rituals do you have to start or end each day?

Q·開啟或結束每一天的儀式感？

A·Peter：早餐閱讀。
慧儀：吃一顆自家水煮蛋。

經常看著農園中飛舞的各種蟲蝶、四處停棲的鳥兒、漫步園中的鴨鵝吃草……看到出神、心也跟著安定了。移居至今，可以說沒有後悔過，特別是在疫情嚴峻、世界局勢巨變之下，慶幸當時做了離開城市的決定。

鄉村生活中家戶間的距離廣闊，但社群間的連結卻相當緊密。我們的社群生活圈除了當地原有的阿美族傳承與自然資源之外，二十年前一群藝術家進駐糖廠開始，帶來藝術創作的動能，歷經不同年代多元人流所促成的演變，創造了東河這個小區域特有的吸引力。豐富的藝術文化背景，近五、六年吸引不少國內外的新移民，這有如兩面刃，一方面土地與物價持續飆漲，另一方面帶來很豐富的人際互動與資源流動。例如，在台灣可能很難找到第二個地方，能在一個小小範圍內品嚐到道地的各國風味料理，同時聚集許多熱愛手作、崇尚自然生活的居民。我們經常相互學習一些生活技能，或物資、農產的交換或交易。

幾年前一戶一菜的互動，促成我們與幾位鄰居一起發起了自助自治的小市集。市集大致跟著季節舉辦，隨性自在，沒有固定的名字，但很有在地性。只要符合友善、手作與零

Q · 如果把移居的過程比喻成一首歌或一部電影，那會是什麼？

A · 「白浪滔滔我不怕～ 」。

If immigration could be compared to a song or a movie, what would it be?

What object around you brings you the most comfort?

Q．身邊只要有哪樣東西存在，會令你感到安心？

A．彼此。

廢棄理念的產品，都歡迎來趕集。溫馨的小市集中，交易盈利似乎不是重點，分享多餘、交換種子、看看鄰居、玩玩音樂、聊聊近期生活樣貌反而是最吸引人的。也因為有這樣的社群能量流動，讓移居的我們更加體認到，自給自足的生活並不是由一個家庭完成所有的生活所需，社群之間的互助合作才會讓自給自足成為可能，也才會讓一個空間變成一個宜居的所在。

記得小時候過年，最羨慕同學們有一個「鄉下爺爺奶奶家」或者「老家」可以回去……。雖然旅居國外時，兒時窗前的觀音山景仍會讓我懷念，但移居東海岸之前，在台北成長的我卻不知道自己的「故鄉」在哪裡。如今，在太平洋千百種藍、各種強度的風、海岸山脈土地的滋養下，我可以想像自己在這裡老去、回歸大地。這裡，就是我們的家了。

圖片提供© 江慧儀

實踐移居多年後的他們……

探訪時間：2024年3月10日

「本來我們的食物森林是茂密的，因為已經六年沒有颱風。」綠蔭豐饒，慧儀與 Peter 依照樸門永續概念設計出的一隅家園，十幾年間慢慢長出和最初荒地截然不同的樣貌。「海葵颱風算是讓我們環境有比較大的改變，許多植物被吹倒。」2023年九月，中度颱風海葵從東河登陸，不只結束了台灣一千多天沒有颱風的記錄，也為東河帶來長達數日停水停電的巨大衝擊。

隨著自然的節奏休養生長

「我們家除了不少大樹倒下以外，比較沒有什麼影響。」原本就使用雨水收集和太陽能，兩人的這方天地沒有被颱風打擊太多。「大樹倒下後，有更多的光照射進來，那也提供了一些機會讓別的植物可以長出來。」與自然共同生息，就是當初兩人做出移居選擇的盼望。隨著歲月交替，萬物在這塊土地上本來就依循各自的節奏行進、帶來擾動。「每天好像都有小任務要處理。」修復地震搖出的牆壁裂縫、在園區裡增加養雞區域、處理白蟻朵頤的木造結構，看待「環境的改變」，他們深知這就是唯一「不變」的事，這塊家園無時無刻不在與人對話，生活在其中人們能夠創造改變，當然也必須跟隨被改變。

兩人對理想生活的熱情不只侷限在自己心中，也反映在周遭生活上，進而為其他人帶來更多想像。移居第十年，現在的他們除了偶爾販售農產品，大多時候都在家裡籌備和進行樸門課程。來自台灣甚至他國的學習夥伴，一起進入慧儀與 Peter 這塊變與不變都奧妙珍奇的空間。「我們學生滿多人會搬到附近。」鄰居也可能就是同好，東海岸吸引著許多尋找非典型生活的人們，有些樸門夥伴移居至此，或是本來生活在附近的人，開始被樸門概念影響。這裡的生活空間與人際互動不如城市緊密，但大家卻願意為了相同的價值聚集與行動。

使用社區貨幣「Mi 幣」買書。（圖片提供©江慧儀）

凝聚更大的社群認同，從社區貨幣到生態社區

移居至東河後慧儀與Peter打造自身家園，也號召同好舉辦市集，「我

們開始使用社區貨幣。」慧儀說的是目前流通在東河境內不少居民間的「Mi幣」，無法與新台幣匯兌、卻可以換到諸多商品與服務的貨幣，代表背後有著一定人口認同尊重勞動價值、鼓勵在地消費的精神。

「Mi幣」由慧儀與在地部落組織都蘭國（社團法人台東縣東河鄉阿度蘭阿美斯文化協進會）共同推出，一開始只流通在相對熟識的店家跟鄰居朋友之間。「先從可能比較有信任感、或是理念相近的店家去問願不願意收社區貨幣。」

隨著Mi幣流通，許多過去慧儀沒有接觸到的人們也紛紛加入。Mi幣能夠交易的項目也從常見的蔬菜水果，出現像是除草、搭便車等生活服務。願意收付Mi幣的人會加入一個LINE群組，這個群組在日常交易的信任上也衍生出其他互動，像是疫情期間不少互助聯絡。Mi幣創造出一個不限於空間而是價值連結的社群，慧儀知道在地方生活越久，也許不一定能認識每個街角巷弄的鄰居，但一定能相遇有同樣想法的人。

「要做一個群體，也是因為有足夠的影響力才有辦法做到。年輕的時候就比較沒有那麼容易。」慧儀說的不只是市集、社區貨幣，而是更進一步對未來的規劃。她與Peter和一些樸門夥伴計畫共組一個生活圈，把原本一隅家園的概念推展成生態社區。「老了呀。」Peter感嘆，他認為移居幾年來最大的改變，就是身體明顯不如以往俐落。「也不只是我老了，房子也老了。東西要開始維護，然後我要想自己還要活多久、要維護成什麼樣子。」

兩人的人生就如同這塊土地上的萬物行進，每個生物都仰賴著其他生物共伴，一個好的生態環境有新有舊、有蒼老也有活力。此刻的慧儀與Peter期待延續當初打造自己家園的盼望，嘗試共創一群人與一整片自然共好的生活。

圖片提供©江慧儀

慧儀&Peter的移居前後

DATABASE

	移居前		移居後
居住地	新北新店。	→	台東東河。
家庭結構	2人+1貓。	→	2人+1貓1狗。
住處	自購公寓。	→	自建自然建築。
交通方式 & 移動範圍	機車與汽車，生活在新北，但工作全台灣跑。	→	汽車、電動機車，幾乎不太離開東河。
工作模式 或 收入來源	開課教學，承接政府案。	→	開課教學、設計、販售農產品。
鄰里關係	和鄰居時常互動。	→	同一村都很常互動，還有跟樸門社群經常來往。
興趣	郊區爬山。	→	慧儀│瑜伽、做陶，Peter│看書、做手工、彈吉他。

一直以來在準備的，是自己

柏宏&大膽一家人

文字—小海
攝影—李忠勳

CASE 16
台北古亭→台東鹿野

在稀少無人的山徑中，堅持邁步節奏。柏宏與大膽相識於戶外活動，兩人在自然荒野獲得的並不是征服未知，而是逐一揭曉自身的極限。離開城市、進入鄉間，很多人花時間準備移居生活卻鎩羽而歸。他們在看似率性的決定中穩穩著陸，或許正是因為一直以來他們在準備的，是自己。

兩人的移居之旅始於柏宏對於自給自足的想望，從此自建家屋、耕作、自釀啤酒一路解鎖各種新技能。

柏宏＆大膽

從台北到台東育有一子的兩人，開始習慣變化也是一種計畫。育兒與移居進入第九年，一切安好。

我們是從這裡開始的……

告白時間：2020年8月30日

大膽：在移居之前，我是一個普通上班族，在企業中做行銷工作。大學時因為念傳播，畢業就進入相關領域。一開始是在公關公司，不過那裡的節奏太緊湊，生活作息顛倒我很不習慣。後來選擇進入一般企業，單純做商品行銷。

柏宏：我是念造船相關，在決定搬到東部之前是在新加坡工作。我是從新加坡一離職就直奔台東，轉換幅度雖然有點大，但我覺得已經醞釀很久。小時候在台灣師範大學附近成長，雖然說是典型都市小孩，但家族在三峽鄉下有田，過年放假時總會回去。另外，國中時是接受實驗教育，五育均等的態度讓我對體育這類術科和學科同等重視，我相當喜愛戶外活動。這些過程可以說是很都市，但也都累積了我對自然親近的能力。當兵階段開始有閱讀習慣，許多書籍的描述開啟我對野外工作的想像。在那之前，我本來對未來生活的想法就是跟多數台北人一樣。

大膽：我也是北部小孩，但沒有這麼鬧區核心，是在新北樹林長大。和自然的相遇是在大學時期接觸登山社。我還記得高中時曾在電視上看到大霸尖山空拍，發現台灣居然有這麼美的地方，剛好進入大學就

柏宏一邊耕作一邊自建自然家屋，一切得來不易。

遇到登山社前往大霸尖山。這一走讓我迷上山野，也遇到柏宏，我們是在一次溯溪的活動認識。

柏宏：認識大膽是在我工作的時期。當時有個同事是戶外俱樂部的，我開始接觸攀岩溯

Q・移居之後，有新喜歡上的食物、食材或料理嗎？

A・柏宏：若比較移居前後的差別，印象最深刻的是初入池上，在客家人的廚房裡喝到的老菜脯雞湯，當時驚為天人，現在老菜脯變成家裡常備食材，就等待冬天的蘿蔔；但若要說代表性我想非桶仔雞莫屬。

大膽：第一次看到老菜脯讓我很吃驚，覺得這烏金又沾滿鹽粒的東西能吃嗎？不過再加入新鮮蘿蔔、年輕菜脯，和雞肉一起燉煮，金黃的雞湯可以喝到時光的滋味。

Have you discovered any new favorite foods or dishes?

What object around you brings you the most comfort?

Q．身邊只要有哪樣東西存在，就能令你感到安心？

A．柏宏：火種和繩子。我每天都會攜帶的隨身小物裡有數個幫助我起火的東西，繩子則是會在意外中派上用場。

溪。到後來甚至在不外出的時候，也迷上介紹野外自給自足的電視節目。

柏宏：工作不久後，我得到一個去新加坡任職的機會。理論上來說是很好的職缺，但在那裡我卻覺得難以忍受，最終做不到一年。新加坡是個非常人工化、階級壁壘分明的社會，一切都制式單調。開始工作後我想著難道十年後都是這樣的生活嗎？另一方面，那年剛好發生福島核災，我有種人生不會等我的焦慮感。在這種思慮下，我常常邊工作邊聽陳建年的歌抒壓，有時從影音頻道看見台東景色，那些我未知的地方美到像天堂一樣。我就明白現在的生活對別人來說或許很完美，但不是我想要的。

大膽：我從來沒有想過搬到台東或是移居他鄉，真的是因為柏宏先動身了。最初還有考慮是否要搬去新加坡和他一起生活，沒想到真正接觸移居是到台東，而且不只是空間的改變，也包括生活類型的轉變。

我在台北台東兩地跑的遠距

離階段，不是沒有想過到台東生活。但我雖然喜歡登山，卻不知道在鄉下可以做些什麼。每次在池上萬安待稍長時間，總會覺得孤單，身邊的人和我年齡、語言都有隔閡，大家一直談種田我也不懂。所以關鍵是柏宏決定離開萬安，搬到鹿野龍田時。在鹿野我們慢慢遇到其他年輕移居者的社群，我覺得被接納，最重要的是我想生小孩了，這裡的環境讓我覺得是可以組織家庭的地方。

柏宏：當時會到台東也不只是衝動想想而已。在新加坡工作那段時期有遇到年假，我用過年期間在台東踏查一圈，在池上萬安得到一個類似換工的機會。我想如果要過著自給自足的生活，最初步也得有務農的能力吧！於是決定抓住這個機會。

當時沒跟大膽商量太多，不過我知道她在本質上不是物質需求很強的女生，而且她的登山愛好說明著是願意親近自然的人。

大膽：來到鹿野後，我們大概搬了五次家。租房子時總會遇到房東規劃忽然改變，我們的計畫就得調整。

柏宏：鄉村對約定的概念不是白紙黑字，而是人情，所以一開始真的常被趕來趕去。不過我們還算運氣好，當時移居東部的小農風氣不算旺盛，找房子都還順利。現在搬來的人多，已經越來越難找到房子。

大膽：要說到真正「定居」，一方面是因為小孩出生，另一方面是我們蓋了現在住的小屋。來到龍田後，跟許

What was the most difficult item to part with?

Q．移居過程中，曾捨棄掉哪個最捨不得的物件？

A．柏宏：拿攀岩繩索去農用和蓋房子，要知道岩繩一旦「降格」成為工程工具，就不能拿來做「確保工具」了。

從挑高閣樓俯瞰餐桌。

多在地生活的人們銜接。我們在機緣下找到一塊可以留駐的地，柏宏在那裡親手蓋起我們的房子。不過最初設計時是兩人空間，沒想到小孩這麼快就來，導致我們無論原本有什麼定居計畫，都調整成一心一意趕緊把房子蓋好，有個地方迎接小孩出生最重要。

柏宏：蓋自己的房子真的很辛苦，但也很幸福，接觸自然建築對我來說是個美好的轉折。剛到台東時我嚮往全農生活，在池上萬安學習慣行、有機的耕作方式，最終想使用自然農法。但搬到鹿野後參加了鹿野區役場的志工，遇到做自然建築的人，一頭栽進這個世界就重新錨定引發我移居念頭的自給自足！房子是生活空間的運用，因此就是一個人對美好生活想像的具體化。

大膽：柏宏從投入務農到自然建築，生活一直有重心，我卻始終有種焦慮感。擔心自己到鄉下後沒有經濟產出，就是沒有價值的人。不過這種焦慮感在開始用在地食材製作加工品後，得到緩解。還是上班族時我就喜歡做甜點，現在來到食材生產的現場，選擇不僅更多元也更純粹。

以前做商業行銷只是追求數字，販售著連自己都不見得使用的商品。來這裡終於不用口是心非，賣的食物就是我給小孩吃的，生產過程也可以選擇更好的原料。我不是社會巨輪裡的小螺絲釘，而是可以改善，甚至創造美好價值的人。雖然事業規模非常小，但我服務到的就是需要我的人。大概是這樣的過程，我的心逐漸安定下來。

大膽：我和柏宏是幸運的，都不用奉養父母，甚至偶爾會得到家人們的支援。加上我們在移居前都有段不短的工作時期，存了一筆錢，這讓我們踏出第一步時不至於太過窘迫。而且，移居後反而開銷變少。我算過小孩還沒出生前，我們兩個加起來的生活費每個月大約一萬七。小孩出生時有生育補助，後來每個月有育兒津貼，去醫院生產那些幾乎沒有花到什麼錢。

柏宏：我們現在是用柴燒熱水，只要定期去撿漂流木，這幾乎是沒有成本的。另外小孩用品大多也是恩典牌，來自親朋好友的二手餽贈。最初移居時我計畫是用全農方式作為收入，後來發現那必須管理非常大的農地，也還是把時間全投入在同種工作上來換取金錢，再去換取別的服務，這跟我想的自給自足精神不太一樣。所以我不再把所有時間花在務農，而是培養不同專長，現在的收入除了農產品收成外，偶爾拿自己的米發酵，做一些米麴相關的產品如鹽麴、味醂、甘酒，也包括出外承接屋舍修繕工作。

大膽每月會和鄰居一起加工製作花生醬。

大膽：我覺得移居後什麼都是挑戰，柏宏一開始耕作的田區地力不足，所以種植豆科和稻子。當花生收成時我忽然想

到可以做花生醬，我自己愛吃也可販售。目前每個月收一次單，數量大概百罐左右，我和鄰居一起加工，花生的來源也開始跟別的農友契作。我們和身邊的朋友製作不少農產品加工，像是因為附近的鸞山有種梅子就製作梅精。

有年夏天，我發現啤酒支出實在不少，想想原料不也是很單純的食材嗎？所以開始學習自釀啤酒，後來去比賽還得獎，之後還出去分享授課！移居前的收入很單一，以為自己能做的事也很單一，可能是因為沒有餘裕去感受和發展出豐富的生活脈絡，而這些脈絡有時會為你帶來更多收穫。我和柏宏現在都是斜槓，像我因為愛爬山，所以也有在幫戶外用品做產品測試。

Which corner or area makes you feel most relaxed?

Q．現在居住的地方，哪一個角落或場域令你感到最放鬆？

A．柏宏：餐桌。

What rituals do you have to start or end each day?

Q．開啟或結束每一天的儀式感？

A．柏宏：喝大膽沖的咖啡，從去年開始上癮，跟睡眠品質有關。

大膽：鹿野有許多咖啡職人，因為他們我才學會手沖咖啡。每天早上的咖啡，變成早晨最期待的事情，咖啡百變的風味滋潤著我們的生活。

柏宏：挑戰一直都有，小孩的出生基本上就是挑戰你的時間分配呀！我不再有時間閱讀，只剩工作和做家事這兩種時間，不過也因為這樣的限制，反而激勵我更專注投入想做的事，要把握自由的時間和僅存的精力。

大膽：孩子帶來的轉變是非常神奇的，出生頭兩年媽媽和孩子共生，我覺得自己不是自己，常常處於睡不飽的昏沉狀態。但當他長大，開始嘗試自主、探索世界時，各種行為反應反而促發我重新理解自己。鹿野是鄉下，孩子在這裡會遇到很多元、無法預期的現場，我心中總是難以決定怎麼樣的保護才不是限制。而當這樣的糾結在不同的情境反覆發生，我終於理解到自己並不想讓我的害怕變成他的害怕，我們共同經營出另種關係，當中是一個新的我。養育小孩的過程讓我理解的事，已經遠遠超越我過去人生的總和。如果我還是一個都市裡的上班族，永遠不可能知道這些。

Q．如果把移居的過程比喻成一首歌或一部電影，那會是什麼？

A．柏宏：比喻我想不到。但我希望人生的節奏和場景就像《小森食光》或是《哪啊哪啊～神去村》那樣，從日常生活、鄰里關係到和森林溪谷的距離。

If immigration could be compared to a song or a movie, what would it be?

圖片提供© 柏宏 & 大膽

大膽：移居後的生活，不像過去那樣萬事在掌握之中。當上班族規劃退休，我們想著就是活到老，勞動到老，你看現在田裡還很多老人家忙碌著呢！其他人可能會覺得那叫辛苦，但現在這樣的生活我覺得很自在。還記得剛開始爬山時，又痛苦又快樂，走到一個車子到不了的地方，看見絕美景色深受震撼。後來想想，愛上爬山是因為過程總是很單純的專注著，身體必須沒有雜念的與自然互動，你才能在山裡經過，所以過程的確辛苦，心情卻很平靜。

柏宏：我期待有天能真正達到自給自足，能有一群人以不傷害土地的方式，分擔著生活中所需的各種技能，彼此支援、和諧恆常的生活下去。但這樣的集村並不容易發生，即便移居到台東、投入自然生活的人看似同質性很強，但每個人確切生活中的優先順序、對事物的處理方法，都不見得能協調成一個向心力去編織出共同的夢。所以目前我是從自身做起，至於是否會再移居則是看機緣，期待能夠達成自給自足的目標。

When do you feel happiest or most free every day?

Q · 每天感到最快樂或最自由的時刻是？

A · 柏宏：通常是一個景色的當下，可能是太陽月亮照在縱谷，或是一隻鳥或蟲子。

大膽：跟小孩和狗去散步或騎腳踏車，狗專心地嗅來嗅去，小孩很投入地玩耍，我則是欣賞周圍的風景，看看今天都蘭山的模樣，還有雲移動的軌跡。

圖片提供 © 柏宏 & 大膽

實踐移居多年後的他們……

探訪時間：2024年2月29日

山依舊、雲依舊，鹿野的夏日炎熱依舊，瓜果成熟依舊。在那棟鄉間小路草坡上的房子裡，幾個角落被颱風掀起重新修補，蓋屋時相伴的愛狗離世，孩子從啼哭到行走。移居第九年，柏宏與大膽在鹿野的生活看似變也不變，一如攀爬在人生的理想上，現實如雨是拍打也是滋養。從移居到定居，屋簷下逐漸沒有新鮮事，每個變化都是日常，每個日常都帶來改變。

和孩子一起進入下一個階段

「一旦進入學校，作息就是跟著學校，你沒有辦法再隨意了。」

孩子阿寬大了，進入學校體制，大膽發現這是一個很大的改變。過去兩人選擇辭職移居、脫離正常社會對時間的框限，來到鹿野後從事非典型工作的種稻與烘焙。這讓時間與空間的使用相對自由，一家人可以隨著季節、天氣、己身心意來安排行程。如今孩子入學，三人都必須遵循正常社會節奏。「要去其他地方，就變成連續假日人擠人。」大膽笑著說。這樣的返回框限是移居之初始料未及，但面對舊有情境的心態已然不同，柏宏與大膽都在定居後有了十足改變。

「我現在比較怡然自得、很平靜。」大膽的比較不只針對移居前在台北的日子，也包括初來那幾年。「剛開始的時候還滿焦慮。因為對環境不熟悉、或是對自己的能力不熟悉。」但是隨著定居，生活本身回答了生活帶來的疑問。「過了一段時間，我發現不固定的經濟收入還是活得好好的。」如今狀態越來越好，即使隨著孩子出生個人時光被剝奪、或是前幾年意外髖關節受傷，現在有著固定運動習慣的大膽，體能來到人生最高峰。「也許是身體狀況變得很好，所以心情也變得很好。」

柏宏則是在面對自由與框架之間，對自給自足有了更深體悟。「你要極盡所能跟這個社會連結之後，最後產出的結果才有可能達成。」「它有點是個悖論。」柏宏發現最初自己想像移居鄉野、自建房舍、務農……看似邁向自給自足，卻不一定是捷徑。因為你必須跟這個社會連結，學習各種技能，累積各類資產，才真正擁有自給自足的初步基礎。因此，在現階段與下階段的生活之間，他期待打造一個平台，創造一個人們可以在此相

柏宏最新解鎖的技能是自己打魚。（圖片提供©柏宏＆大膽）

遇、共工與共識的空間。「有可能是開課程的地方，也有可能是實際加工東西出來的地方。」他期待這樣的空間匯集知識與技術，也匯聚人。

不過，這個目標對此刻的他來說顯然有些吃力。兩人都坦承有了小孩後，幾乎就是只跟有孩子的家庭互動來往。要打造匯聚人們的空間，也得先多認識些人，不過他們已經不在熱絡新鮮的移居社交圈裡。「我們的年紀也大了，年輕人來的時候，不會第一個來找我們。」鹿野一直有新移居者進入，雖然這幾年因為大環境，移入不如過去頻繁，但即便有新人落地，柏宏和大膽也已經不再是那種會積極互動、三不五時相約聚會的社交年齡。

更成熟、有餘裕的心

「很緊密也不是這邊人的菜。」柏宏形容鹿野的移居者，大多時候都獨立生活著，有需求時才會相遇與相聚。這樣高密度低頻率的共處時光相當美好，卻也代表地方社群文化並不外顯，而是更尊崇與自我的相處。

「我們現在來往的對象大概也都是根據孩子的需求。」大膽說。這些因為家庭階段的逐步實踐，就是定居生活改變的軸線。像是孩子上學後，大膽終於再度擁有了部分個人時光，而現在的她相當享受用手作為喜愛的人們帶來滿足。所以那些被釋放出來的閒暇讓她投入製作各式各類食品，從麵包蛋糕到醃製品，一家人幾乎再也不用外食。之前開始學做啤酒也是為了柏宏和自己愛喝，此刻多出更多時間，啤酒班持續進行，但大膽無意用這些技術來創造收入，而是將那份寬裕的心情分享出來，她知道自己已經直接打磨出幸福的模樣，無需再交易成貨幣來購買快樂。

「台東之前，我的生命是被決定的。即便是自己找工作，但這個工作也是伴隨著周邊的人都怎麼做你才去做，而不是開放的空白由自己去填。」柏宏從一邊耕作一邊自建小屋，到成立工程行進行偏遠山區的修繕案件。不再種田的他開始練習打魚，在溪裡或海邊。「台東這個環境給了我很多機會去嘗試跟摸索，而且是在跟大自然比較靠近的狀況之下。」一面對生活諸多需求，他越來越懂如何用身體和雙手，去承接大自然的回應。

移居第九年，柏宏和大膽最初打破傳統社會的框架，來到鹿野。此刻的他們，則是游刃有餘地駕馭著各種框架，幸福不再是某一種離群索居、粗茶淡飯的樣貌，而是好好地、踏實地度過每一天。

圖片提供©柏宏＆大膽

柏宏&大膽的移居前後

DATABASE

	移居前		移居後
居住地	台北古亭。	→	台東鹿野。
家庭結構	2人（夫妻）。	→	3人（夫妻、1個小孩）。
住處	大樓租屋。	→	自建平房。
交通方式 & 移動範圍	大衆交通運輸工具，主要活動範圍爲捷運站能到達之地。	→	自己開車，鹿野關山區域。
工作模式或收入來源	上班族。	→	工程行接案，加工食品。
鄰里關係	沒有鄰里關係。	→	和鄰居時常互動，與其他有小孩的家庭時常互動。
興趣	溯溪、攀岩、爬山。	→	帶小孩去戶外活動，爲家人烘焙，練習一切在自己自足生活上精進的技術例如打魚。

在大山大海間，學習靜慢生活

雅菁&傳芬

文字—歐陽夢芝
攝影—林靜怡

CASE 17
高雄美濃→花蓮壽豐

對雅菁與傳芬來說，「定居在哪」並沒有太深的執念，務農才是核心，能夠好好耕種、好好生活就已足夠。曾經在兩週內決定搬到美濃種田，又在三年後萌生移居花蓮的念頭，這段遷移的歷程如今想來都是必須經驗的，讓兩人在淺山小溪中積存農業底氣，在大山大海間學習靜慢生活。

從友善耕種到食農教育，移居花蓮後兩人得以透過不同方式實現自己的理念。

雅菁&傳芬

兩個文學系女生，兩隻貓，一些鴨、一些雞，在花蓮壽豐「有塊田」。一個從小務農，一個半路出家，相同的是都喜歡鄉下，都樂意被水田馴養；堅持以友善萬物的方式，在山海間彎身耕耘，在縱谷與蟲鳥共生。

我們是從這裡開始的……

告白時間：2022年7月24日

若要說花蓮和美濃有什麼不同，那就是花蓮真的很～慢～花蓮作物的生長速度比美濃慢，一開始我們還以為無法收成，結果真的只是長得慢而已。像是玉米，在美濃冬天只要九十天就可採收，但花蓮要一百二十天，所以我們只能等它慢～慢～長大。不過正因如此，我們才得以慢下來，好好生活。

在去年搬來花蓮之前，我們先在美濃耕種了六年。當時初來乍到，我們在美濃到處打工學種田，在老人家的眼裡我們是認真上進又無害的女生，是「美濃精神」認證的好孩子！那裡留下的年輕人不算多，他們會無私地傳授農業知識給我們，把我們當成自己的孫子般照顧著。在我們還沒有收成前，都是被他們田裡的作物給餵食。

我們兩個讀文學系的年輕女生，初到美濃就想以友善耕作的方式實踐環境關懷，而事實上，我們也交出了不錯的成績單。這樣的反差萌吸引了一些媒體前來採訪，因此受到在地居民的關注；加上客家民族的凝聚力很強，他們有意識地希望讓美濃更好——只要你有

一盤盤苗盤裡是珍貴的秧苗們。

心，整個小鎮都會傾全力協助你。因此當時，很多在地朋友會分享課程和資訊給我們，甚至有人會上門說：「來，我家有地給你種！」

美濃真的給了我們很大的滋養。我們所有和農業政策相關的知識，都在那裡學到精髓。

Q・移居之後，有新喜歡上的食物、食材或料理嗎？

A・雅菁：各種原住民的野菜。比如車輪茄、大花田菁、雨來菇（情人的眼淚）、牧草心、飛機草，雖然有的苦味十足，但是卻莫名吸引了我。

傳芬：馬鈴薯起司煎餅搭配起司牛奶醬！來花蓮馬鈴薯產量大幅提高，可以自由變換很多料理！

Have you discovered any new favorite foods or dishes?

When do you feel happiest or most free every day?

Q · 每天感到最快樂或最自由的時刻是？

A · 傳芬：每天早上開始工作前專屬自己的一個半小時～瑜伽、音樂、進修、盡情看喜歡的書！
雅菁：每兩天會前往白鮑溪邊餵雞鴨、撿蛋。看著鴨子在水中瘋狂玩水洗澡，小鴨跟著母鴨無所畏懼探索新環境，總是可以從中獲得單純的快樂與自由。

母鴨像艘小船，初生的小鴨非常喜歡在媽媽背上玩耍，總在羽翼裡鑽來鑽去，萌樣十足。

而花蓮的資源或增能都要靠自己尋覓，需要時間累積人脈，才有可能慢慢聚合。來到花蓮已經一年了，我們還找不到穩定可耕種的田地。有時會想，倘若一開始就來花蓮而不是美濃的話，也許現在一切都上軌道，也或許會玩得很嗨，不知玩到哪裡去了；但農業的知識和技術基底，肯定不會這麼扎實。

有點遺憾的是，我們還沒有好好認識美濃這個地方，就投入全部的身心在工作。回想2015年，我們剛從北海道的五間有機農場見習回來，決定以務農為職志後，就有學長介紹我們去他的家鄉美濃走走。當時正值秋天，短短三天內馬上就有人牽線，搞定了住所和田地。我們像是被捲進美濃秋冬的「農業嘉年華」盛宴中，都還沒穩住身心，就和這個小鎮一起瘋狂地滾動起來！大家都卯起來生產，一天工作八、九個小時是冬季日常。在勞動強度和密度都特別高的前半年，我們的身體輪番出現狀況，後來才想到可能是過勞。

其實台灣雖然小，氣候差異卻很大。夏天的美濃太熱，不僅作物活不了，人也不習慣，到後來還會熱到焦慮！而秋冬又是忙到翻掉，身體實在負荷不了。當時聽花蓮的農夫朋友說，這裡四季的種植條件不錯，病蟲害沒那麼多，生活節奏相對穩定。所以在美濃的第三年，就升起移居花蓮的渴望。也因為傳芬在花蓮念大學，一直都很喜歡這裡；不只有山有海，又有很多好朋友在，每次來花蓮都有「回家」的感覺。於是我們下定決心移居，當時由傳芬先來探路，再藉由朋友介紹、覓得住所後，去年六月才從美濃載著貓和鴨鴨們，舉家東遷。

花蓮的風土氣候強迫我們慢下來。這裡的冬天常下雨，不宜下田，沒想到環境和工作型態改變之後，反而有機會緩緩地融入花蓮，在工作和生活之間找到平衡的節奏，補足了之前高轉速進入美濃的缺憾。

花蓮真的太好玩了！東海岸的氣息撫慰了我們，空閒時會和朋友去海邊玩水、相揪爬山或共食；重要的是，要先喜歡一個地方，把自己的身心安住下來，未來面對困難時才有直面的願力，之後做的每一件事才會水到渠成。

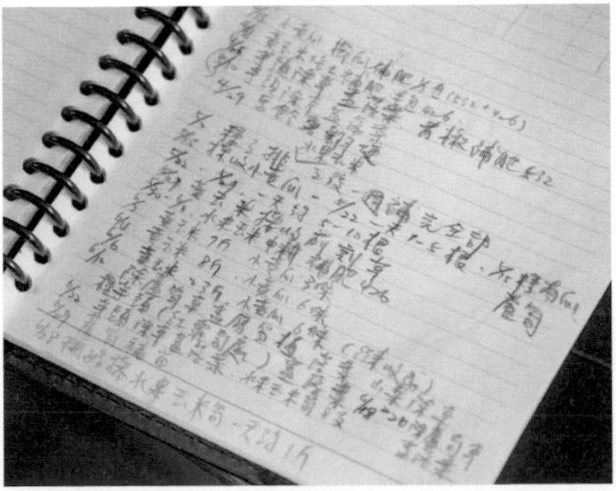
兩人認真的栽種與收成紀錄筆記。

這裡有大山大海、瀑布激流，環境尺度比美濃開闊也複雜許多。以前在美濃比較聚焦在農業本身，但現在來到花蓮，我們想放眼大環境；畢竟都在山海之間了，若不把大尺度的環境結合進未來想辦的活動、想探討的議題中，豈不太可惜了！而且我們有點閒不下來，以前在美濃我們每季都會固定辦活動，現在雖然還沒開始，但我們在農閒時就各自上想上的課，認識可能合作的對象，為未來的田間課程做準備。

對比從前，現在的工作量變少了，有很多機會去接觸之前沒時間嘗試的東西。但工作量少，也是因為我們沒有穩定面積的田地，所以收入相對也少了，為此難免會感到焦慮，這是來之前始料未及的事。還以為看到很多荒地都空著，地應該不難找，誰知道都被投資客買走了，寧願放著也不願出租。前半年我們幾乎都在吃老本，還好具備一些斜槓的能力，靠接採訪和編輯的案子才慢慢打平。不過我們內心也明白，和以前在美濃一樣，一定要用一年的時間摸索這裡的風土氣候，掌握什麼時間適合種什麼作物，第二年才開始步上軌道，慢慢前行——這是必經之路。

蟄伏期也是我們用來學習新東西的時候。不過面對再想上的課，我們的共識都是以農為主業來做取捨，它永遠放在最前面。但有趣的是，我是在務農家庭長大的孩子，傅芬則是桃園長大的都市小孩；她是到我家幫農後，才發現原來務農還挺有趣的！

農閒之餘，編織一直是雅菁的嗜好。

我的家庭背景和現在很紅的韓劇《我的出走日記》有點像，但我可能比較奇怪，雖然從小務農，長大後還會對農村有念想，這和我們家的氣氛有關吧！我家在彰化福興，小時候每到暑假，小孩會輪流帶朋友回家炕窯（khòng-iô）、去海邊摸蜊仔（bong lâ-á），再回家採西瓜。採收時瓜販會派人來收，在卡車上下拋接西瓜，有時一不小心會手滑瓜落，大家就圍在一起吃破掉的西瓜！而且我媽媽會殺雞殺鴨，熱情招待我們的朋友，氣氛都是開心熱鬧的，完全沒有韓劇裡死氣沉沉的低氣壓。

下田採收的各種工具，是她們重要的工作夥伴。

後來我們陸續長大，去台中念書或工作，但每到假日就會回去幫忙。尤其遇到採收旺季，哥哥會開車沿路撿我們回家，採收完常是早上六、七點了，再一個個載我們回去上班上學。所以我和傅芬的身體

條件不一樣，傳芬的力氣大，農機都是她在操作，我則是走耐力賽，可以長時間在田裡工作。可能是從小就一直在受訓吧！身為一個「資深務農工作者」，我的身體早已儲存這樣的勞動記憶了。

其實移居對農夫來說是一個挑戰。舉例來說，番茄的原生地在中南美洲的高原，需要日照充足、氣候涼冷和日夜溫差大，這些條件在台灣只有冬季能達成。我們有試過把美濃著名的橙蜜小番茄的苗拿來花蓮

What was the most difficult item to part with?

Q．移居過程中，曾捨棄掉哪個最捨不得的物件？

A．傳芬：我們把鴨鴨和貓咪都載過來了，帶不走的就只剩在那裡的朋友和獨屬南台灣豐饒的生活感了。

What rituals do you have to start or end each day?

Q．開啟或結束每一天的儀式感？

A．雅菁：隨著季節變化，日出時刻不定，但我已經習慣在日出時刻醒來。這時到貓咪房的窗台，就能和牠們一起觀賞變化萬千的晨光，彼此互道早安，開啟一天的農村生活。

What object around you brings you the most comfort?

Q・身邊只要有哪樣東西存在，就能令你感到安心？

A・傳芬：有一杯咖啡就很棒！

種，但花蓮的冬天常下雨，日照不足，最後採收的小番茄，甜度就是無法像美濃一樣。但農夫要面對的不僅是風土而已，農夫搬家比一般人還要耗費精神跟體力。他們的家當通常很多，可能有機具和動物。當初我們從美濃搬來花蓮，來回五、六趟才全數載完，實在太累了！所以我們目前沒有移居其他縣市的打算，真的無法想像一切還要重來⋯⋯。

如果要對其他心神嚮往的移居者說些什麼，我覺得應該依照身份職業，給予不同的建議。因為我們是農夫，這裡的日照長度和雨水豐度，是移居前我們很在意的部分，日後要

依賴這個節奏來調整生活。正因為很接地氣，農夫會自然地融入在地步調；但倘若移居者的工作和自然無關，就要更認真的去感受，找到自己和地方貼合的方式。

但不管如何，都還是要保持開放的態度才好。移居的地區一定和先前不同，以前可以這樣，不代表換個地方還能照辦。在每個不一樣之處體驗，在浪間練習站穩、找到平衡。當然在波峰浪谷間上下起伏，難免會感到顛簸不安，但盡量敞開自己，享受這個變動的過程。小聲說，那個刺激感可是難能可貴的！

Which corner or area makes you feel most relaxed?

Q・現在居住的地方，哪一個角落或場域令你感到最放鬆？

A・雅菁：二樓貓咪房的窗台。牠們常常坐在窗邊睡覺晒太陽。那裡是冬日最溫暖的地方，適合午後小憩酣眠，醒來時二隻貓咪通常都在身旁睡得很香甜。

從美濃一起移居到花蓮的鴨鴨們。

蜂巢式菜園的食農教育課程（圖片攝影、提供 © 大樹影像）

實踐移居多年後的她們……

探訪時間：2024年2月26日

稻穀在發芽到孕穗之前，會經歷一連串的變異。「有塊田」若是一粒穀子，在落地高雄美濃時蓬勃萌發，吸收成長，而移居花蓮壽豐後，發芽成秧的苗開始分糵，分糵期能量變動大，狀態雖有不安，卻是成長的必經道途。即使分成多株，其本源都是這粒穀子——種植健康安全的食物，傳遞環境永續的初衷，沒有改變。

從分糵到孕穗，享受自然恆常的變動

2021年六月，傳芬和雅菁剛從美濃移居花蓮，迎面直擊的是大環境的變化，作物生長緩慢，耕地難尋。至今移居近三年，已找到暫時穩定的六分地，也整理出一個自辦活動的空間。在浪尖上逐漸站穩步伐的她們，放棄了不如美濃好種的蕃茄和57號地瓜，換得適合花蓮風土的栗子地瓜和馬鈴薯；當時帶來了十隻鴨鴨，也因放牧環境較大，如今雞鴨成群三十餘隻。種植腳步放緩不代表停滯，捨下的和換取的很難在天秤兩端斷言輕重，但她們不再像過往瘋狂

地和作物競逐，而有餘力向外探索山海，往內專注己心，走出各自美麗的生活方式。

蹲點花蓮的一年半後，2022年的跨年之日，她們在朋友家的梅園辦了第一場食農教育，自此進入一整年自辦合辦、彼此串連的活動嘉年華！這一年，兩人認識了壽豐有著同樣動能和理念的農友、協會，組成堅實的團隊，舉辦冬夏令營和各式活動，也擔任華德福共學園的副課程老師，及富源和化仁國小的農耕老師，長期陪伴孩子接觸自然，料理食物。「我們現在帶活動不只侷限在田裡的採收，會把很多元素融合進來。」像是雅菁擅長自然素材的編織、傳芬擁有做木工的能力，她們更善用以前在美濃習得的客家醃漬技術，竭盡所能地讓活動厚實豐富，「因為這些都是自然啊！」

相較於過往在美濃是全職務農，拚了命地生產，即便舉辦食農教育，也是為了解決採收和銷售人力不足的問題。如今辦活動是為了將想傳遞的訊息，運用各種媒介整合揉捏在一起，再像播種一樣灑向四方天地。

「麵包樹下的蘿蔔會」會友畫下大家一起在院子裡整理、洗切蔬果的樣子。（繪製／圖片提供©王煒婷）

開展更多面向的自己

回想來到花蓮之初，曾因耕種面積和作物產量下滑、面臨吃土的危機，而發展出採訪撰稿的能力，尤其是傳芬，起初寫稿只為了賺錢養農，如今卻變成不願輕易放掉的斜槓工作。因為寫作之於她，就像是打開了看世界的窗，從中獲得更多靈感，成為帶環境教育時的養分。「如果我的食農教育少了採訪，它不會那麼精實，但如果只有採訪而沒有食農教育作爲基底，我覺得會飄在空中。」

而美濃留下的不全然是美好的知識或技藝，傳芬還帶了身體過勞未癒的病根，曾在移居的半年後，脊椎第三四節滑脫扭轉，她開始思考農夫的身體若無法長久，哪能談什麼永續？於是她善用規劃長才，漸漸將主力轉為企劃和寫稿，用口說及筆耕置換部分的農務。「農作木工或採訪，都可以是我的工具，終極目標都是引導到環境，希望讓整體環境越來越好。」這是傳芬移居至今，生活模式或心態上的一大轉變。

而始終專注生產的雅菁，在今年也進入了不惑之年。她參加了寫寫字編採學堂開設的「大人的寫寫字」工作坊，爬梳生命故事，才意識到在務農家庭長大，成為自己選擇從農的主要歸因。於是她開始練習向內觀照自己，也許願將農村文化加入食農教育，將兒時經歷的美好農村生活傳遞出去，於是「麵包樹下的蘿蔔會」應運而生。大家一起在院子裡整理蔬果，吃不完的就拿來晒，洗洗切切放入罐中，個中美味除了歲月的發酵，還有農家的懷舊記憶，一起封存保鮮。

穩定耕種之餘，編織一直是雅菁的嗜好。以前在美濃只有竹編課，現在來到族群薈萃的花蓮，開始接觸布袋蓮、山棕、黃藤、月桃等自然素材，編織時身體也鬆了下來，工作的疲累都會被平復。即使未來仍充滿未知，但人生步調已不再急躁，晨起巡田水，餵飽二貓和雞鴨，下午採收加工出貨，平衡規律地織著生活之歌。

移居花蓮邁入第三年，兩人除了銷售農產品的收入，還多了主辦協辦食農教育的盈餘，及撰稿等收入，比起剛移居時已相對穩定。如今「有塊田」的秧苗還在持續成長，兩人走過一些風景，有各自想前往的路徑，她們正經驗分櫱的變動階段，對於未來的孕穗開花，保有祝福和期待。但不管如何，友善耕種的基調不會改變，而依循各自生命經驗發展出的分株，終將成為品牌的養分。

雅菁&傳芬的移居前後

DATABASE

	移居前		移居後
居住地	高雄美濃。	→	花蓮壽豐。
家庭結構	2人（夥伴） 2貓10鴨8雞。	→	2人（夥伴） 2貓25鴨5雞。
住處	租屋。	→	租屋。
交通方式 & 移動範圍	開車。	→	開車。
工作模式 或 收入來源	專職務農，70%農產品、30%食農教育。	→	雅菁｜農產品與食農教育，佔比1：1。 傳芬｜農產品、食農教育、撰稿，各佔比1：1：1。
鄰里關係	鄰居多爲老人家，像是孫子陪伴長輩，關係較爲緊密。	→	周圍鄰居多三代同堂或上班族，互動親切，和社區農友往來合作頻繁。
興趣	雅菁｜竹編編織。 傳芬｜很多事都能是興趣。	→	雅菁｜開拓更多自然素材的編織。 傳芬｜泡咖啡館，感受與人的連結，爬更多的山。

CHAPTER 5

島內移居，起手式——讓他們來幫助你！

。試住／居住篇。

。工作篇。

。生活篇。

插畫©Jojo Chiu

善用移居前哨站，以短居深度體驗當地生活

文字整理—廖貽柔

圖片提供—大浦plus+、好伴社計、感作 移居共創空間

「要住在哪裡？工作怎麼辦？該如何在新的環境生活？」當腦海裡冒出移居的想望，同時也伴隨著眾多疑問，許多人因此感到遲疑卻步……，不妨安排一場短期試居，能比旅行更深度融入當地生活。

移居或許不是一蹴可幾，但越來越多單位伸出援手，提供具體空間供人們實際邁開步伐、去到當地生活，短則一個月、長則一年，而各單位也在這段「試居」期間陪伴大家與當地社群建立關係、尋找邁向新生活的多元可能性，可謂移居的前哨站。

本節介紹三個提供居住支持的團體與計畫，好伴社計推出「好伴公寓」，供想長居台中的人共同生活的居住空間；「感作 移居共創空間」幫助大家應用自己的專長生活在旗山農村，讓關於移居的各種點子成為現實；「大浦plus+」邀請人們登上東莒島換生活，體驗小島的風土民情。若想長期在地方上租房子，政府另有相關搬遷與租屋補助資源——另外，拜訪當地里長請教租屋資訊或向土地公拜個碼頭，也不失為尋覓落腳處的一種好方式。

大浦plus+

登上小島，換一個不一樣的生活

什麼是換生活？

「大浦plus+」為連江縣政府文化處支持的年度活化計劃，也是一處共同生活空間，讓大家走進馬祖東莒島的大浦聚落換宿、換生活。所謂換生活，有別於一般的打工換宿，參與者與團隊成員一同共食、共生，並學習當地的慢生活節奏。

團隊每年延攬不同領域的專業工作者進駐島嶼、規劃與帶領課程，從肢體伸展、料理、工藝到植物應用，不一而足，再開放一般大眾申請換宿，讓有興趣的人得以報名課程、實際來到離島聚落生活，每次停留時間至少一週以上，由大浦plus+提供住宿空間。

跟著東莒人動次動

除了媒合換生活實作外，2020年起團隊每逢元宵期間舉辦「東莒擺暝很有文化祭」，邀請外地人登島體驗馬祖人最重視的民俗慶典「擺暝」，向當地人學習打鼓板、製作供品、打魚丸、參與遶境等，身體力行地認識馬祖的信仰與文化。

地點｜馬祖東莒島。

資源｜換宿、課程、推廣在地民俗活動。

居住環境特色｜上下舖住宿空間，沒有電視與冷氣，但有大海與菜園。

申請時間｜每年約４～６月開放換生活申請。

好伴社計

在城市裡成為室友，一起創造出更自由、貼近自己的生活模式

好伴社計座落於台中舊城區，將日治時期的老屋改造為共享空間，藉由實體空間凝聚在地青年，共同投入具公共性的行動。結合多年的社群經營、青年培力與社會住宅工作經驗，2023年起推出「好伴公寓」，打造舒適的共居生活空間，開放租期1年以上的住客租賃，給予想來台中闖蕩者居住的支持系統。除此之外，好伴社計也不定期開放諮詢，提供地方團隊、社會設計與行動提案等經驗分享或資源媒合，陪伴大家在台中落地生活。

地點｜台中市區。
資源｜共享空間、長居、活動、工作坊、策展。
居住環境特色｜城市裡有綠意、採光的單人雅房，客廳、餐廳與廚房共享。
申請時間｜不定期招租中。

政府資源補給站

300億元中央擴大租金補貼專案計畫

由內政部推出的租金補貼方案，年滿18歲即可申請，24小時線上受理，每戶可享有每月新台幣2000元至8000元的租金補貼，若是單身、新婚、育有未成年子女、經濟或社會弱勢則補貼金額還有1.2倍至1.8倍的加碼，幫助大家減輕租屋負擔。

地點—台灣各地
申請時間—2023年7月至2024年12月
受理機關—內政部國土管理署與各地政府單位

嘉義縣青年租屋加碼補貼實施計畫

嘉義縣政府配合「300億元中央擴大租金補貼專案計畫」所推出的補助加碼方案，只要前一年度為300億元中央擴大租金補貼專案計畫的一、二、三級核定戶，而今年欲在嘉義縣設籍或租屋，就有機會獲得每戶每年度最高補貼金額為新台幣3600元的補助。

地點—嘉義縣
申請時間—每年2～3月開放申請
受理機關—嘉義縣政府

感作 移居共創空間 Touching Job

移居此地，成就動人心弦的工作

「感作 Touching Job」是一處移居共創空間，由熱愛旗山的青年團體台青蕉香蕉創意團隊經營，提供一般住宿與短居等不同型態的空間服務，也設有引介地方資源與夥伴支援系統的陪伴機制。他們致力於讓來此地居住的人們結合自己的專業與地方的生活脈絡，如協助大家根據自己的專長、興趣與特質發想「半農半X」的農村生活提案，並提供提案成功者為期半年的生活空間，深度探索移居的想像。

地點｜高雄旗山。
資源｜住宿、短居、打工換宿、工作坊。
居住環境特色｜位於溪州庄頭的老屋，有上下舖及多人檜木大和室房，還有腳踏車可租借。
申請時間｜每年約3月時受理「半農半X」移居生活實驗提案。

青年跨域就業補助／跨域就業津貼

為了降低青年初次跨域找工作的困難與失業者的異地就業障礙，勞動部勞動力發展署補助因面試或就業而需搬離原住所、另覓租屋居住者。跨域指就業地點與原日常居住處所距離30公里以上，只要跨域後的居住處所或租屋處距離就業地點30公里以內，就可申請搬遷補助金或租屋補助金等，搬遷補助金每次最高30000元、租屋補助金每月最高5000元。

地點—台灣各地
申請時間—2023年12月起
受理機關—各地公立就業服務機構

●上述資訊整理於2024年5月，實際申請方案請以各縣市政府主管機關最新公告為準。

協助實現創業、投身友善農業的地方據點

文字整理－廖貽柔

圖片提供－二號空間青年培力工作站、見域 Citilens、金魚。厝邊、叁捌地方生活、阿里山鄒部落創生會所、古洋樓金門地方創生基地、星濱山共創工作室、火箭人實驗室Launcher Lab、打狗好好橋 Takao Sogood Bridge、邸Tai Dang、慢島生活 Island Time、壯圍十八島、穀笠合作社、大王菜舖子

該在新的環境從事什麼工作呢？移居就像開啟第二生命，不只生活空間改變，嶄新的工作之門也隨之敞開。別怕，地方上有許多團隊正摩拳擦掌想幫助移居者找到屬於自己的新志業。

攝影©羅文昕

本節介紹的十四個單位分為三大類，第一類「地方工作孵化器」，看見移居者在新家園當頭家的野望，開闢多元管道讓這些想望落地成真，舉辦實用的創業工作坊、提供創生諮詢或輔導團隊申請補助，協助大家創業或從事地方工作；第二類「共同空間拚創意」，出借共同工作空間供來訪者運用，特別是藝文創作者，得以在此地互相激發靈感、孕育一個個色彩斑斕的夢；第三類「地方從農有方法」，專門引領有田園夢卻不得其門而入的人們回歸土地，學習友善耕種、自力建屋並打入地方小農社群，一步步依靠腳下的土壤養活自己。

此外，政府也提供不少就業補助，其中一類為老屋翻新，促進老屋活化也能同時開展事業。若想投入地方事務也有不少資源，可透過申請補助，實踐在新家園改變地方的可能。

叁捌地方生活

開始吧！地方生活的多種提案

從2013年一幢老屋改建而成的月租公寓「叁捌旅居」開始，逐漸拓展觸角，以活動、出版、空間活化等多元方式傳遞鹽埕和高雄的文化，吸引人回到鹽埕好好生活。他們舉辦過各式在地走讀，如「鹽埕百業窗」，由鹽埕的在地創業者引路介紹當地四大產業與十二間工作室，並定期開辦地方創業者交流兼吐苦水小聚。2024年更重啟「鹽青相談所」計畫，每週提供創業與就業的職涯諮詢，協助評估創業、擬定創業計畫等，幫助大家落地鹽埕。

攝影©羅文昕

地點｜高雄鹽埕。
資源｜月租旅居空間、地方走讀、體驗工作坊、職涯諮詢。
專長｜打造色彩獨特的個人品牌。

二號空間青年培力工作站

既來芝，則安芝

團隊成員不僅是三芝本地人，也包括多位移居者，透過整合地方資源、提供生涯規劃輔導來協助返鄉或想在三芝創業的青年，據點位於「三芝故事館」，館內既是藝文作品與農業特產的展售中心，也是創業輔導的交流空間。團隊會定期舉辦和三芝藝術家、農友與導覽員和文史工作者交流的研討會和主題小聚，例如拜訪農場和苗圃，向農場主學習種植技術、了解農場的運營方式；此外，也開設培訓三芝在地導覽人才等實用導向的工作坊，並提供駐點的公益法律諮詢，讓有意在三芝創業者更熟悉從公司行號登記到契約擬定等一系列創業流程（也開放一般民眾諮詢）。

地點｜新北三芝。
資源｜移居者創業諮詢與媒合、青年交流小聚、地方導覽人才培訓、場域見學、公益法律諮詢、在地空間媒合。
專長｜辦理藝術文化與農業的交流體驗活動。

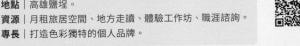

見域 Citilens

從一道嶄新的窗認識新竹

創立於2014年，透過出版刊物及辦理講座、工作坊、小旅行和展覽，持續帶領大家打開認識新竹的另一扇窗。過去舉辦過「地方創生快炒實驗室」座談，邀請在地方上實踐創業的講師來聊聊如何打造地方品牌、創造關係人口等，並提供參加者到外縣市和其他地方創生團隊實際交流的機會，2024年的「頭家創生／創業實戰營」，則進一步針對「青年創業」這個主題邀請印花樂、好丘等業界專業講師來講解品牌行銷、定價營運等頭家基本功。

地點｜新竹。
資源｜創業實戰營、創生事務諮詢、深度小旅行、編採營、地方刊物。
專長｜地域文化的多元轉譯。

金魚。厝邊

悠遊在頭城，成為大家的好厝邊

因自2016年起承租頭城第六、七屆老鎮長邱金魚家的古宅而得名，創辦人以此為據點，回到家鄉開啟推動頭城地方創生之路。團隊特別重視職人發展，曾開辦「蘭城頭家32學堂」系列課程，請業界講師來教有心創業的職人們小店的定價策略、財務管理、社群經營、青創貸款等，並於課程結束後提供場地讓學員們開設快閃店小試身手。也持續舉辦「回頭青年永續分享會」，邀請曾與頭城合作的企業或組織，和在地店家分享如何在合作過程中互相帶動成長。

地點｜宜蘭頭城。
資源｜創業課程、跨國創生青年參訪、老街文化藝術季、導覽小旅行。
專長｜打造在地職人的舞台。

古洋樓金門地方創生基地

發掘閃閃發光的另類金門

志在協助喜歡金門步調的青年們就業及創業，並以自身旅宿業的背景及發揚金門文化旅遊的期許，提供民宿及遊程優化的講座課程。比如金門的閩式建築與洋樓擁有深刻的歷史底蘊，因此古洋樓曾開辦水頭聚落導覽培訓，希望對文化傳承有興趣的青年能一同參與；此外，金門島上民宿眾多，如何從中脫穎而出？去年的「小老闆的經營指南：民宿品牌經營獨門心法」講座，則邀請了民宿老闆們一起學習建立品牌特色及時下行銷方法。

地點｜金門。
資源｜創業培力課程、議題沙龍、旅宿、商業與共同工作空間、私廚料理。
專長｜協助打造在地創生品牌。

阿里山鄒部落創生會所

一起在山林中茁壯成長

由鄒族特富野部落的青年共同組織，團隊皆成長於祖先辛勤耕耘的美好山林，立志運用與世代接軌的能力與經驗，共同為部落找出可自主永續、在地經營的地方創生事業。希望有意願留鄉、返鄉的青年，能夠先透過認識、認同自己的部落與文化，認真思考要如何在這塊土地上生活。無論是想多了解鄒族文化、阿里山產業現況，或有留鄉、返鄉問題與工作職能學習等相關需求，會所都提供諮詢、很歡迎大家與他們一起聊聊。

地點｜嘉義阿里山。
資源｜青年小聚、創業講座、創業諮詢、「鄒式森活」podcast。
專長｜結合部落文化與地方創生。

星濱山共創工作室

點亮漁港，就從來此地創作開始

創立於2017年，以「藝術共創」的精神連結基隆正濱漁港與當地老社區，建立實體基地「Space Moor」，成為基隆首座實驗藝術空間。以2024年的open call招募方案為例，分為「展覽銷售」、「駐港創作」、「移地短居提案」三種進駐模式，展覽銷售提供展售空間、駐港創作邀請創作者來港邊駐村揮灑靈光、移地短居則開放研究／採訪／二地居等多元目的的入住探索，來到基隆，將這座城市的記憶化為行動養分。

攝影©涂佳豪

地點｜基隆。
資源｜共同創作空間、短居、漁港文化教育、選品銷售、實境遊戲、地方刊物、展覽。
專長｜推動以在地文化、藝術和設計為本的創意行動。

火箭人實驗室 Launcher Lab

如火箭發射器般，串起半島的人文與生態

位於台灣最南端，由一群居住在恆春半島的夥伴所組成，長期投入文化藝術、生態旅遊、戶外運動及青年創業。曾辦理「半島音像駐村計畫」，邀請國內外音樂藝術家駐村交流，進行聲音設計、採集與音樂創作。也發行《LAUNCHER COLOR》書籍和《LAUNCHER PAPER》地方報，介紹恆春的多元生活型態、音樂與文化。此外，去年成立「LAUNCHER CLUB」發展以恆春半島的山林戶外運動產業推展工作，聚集所有熱愛生活、休閒、單車運動的人們，讓喜愛戶外運動的朋友體會半島的美。

地點｜屏東恆春。
資源｜共同工作空間、共居空間、跨國Workation媒合、山林戶外活動、半島生活節、地方刊物發行。
專長｜整合在地資源，發動文化、藝術與生態等跨領域合作。

打狗好好橋 Takao Sogood Bridge

入住老屋，橋接地方的好事物

以一棟位於高雄市三民區的三層樓老屋為起點，這棟建築原本是高雄市政府的官員宿舍，透過第三任屋主修復後改造成為可居可聚、共享共護的社會設計孵化平台。一樓的活動與展演空間可供租借，二樓的旅宿空間供外地人士前來高雄開辦藝文活動休憩用，另亦提供藝文活動、手繪創作、修復老屋甚至照顧貓咪的任務型換宿，而三樓的共創工作室則開放高雄在地藝文及公益創業者於此創作，過去曾有工作者在此進行纖維創作、社區共融、解憂企劃、手語藝術、三線琴創作……，一起開啟屬於老屋的一百種精彩。

地點｜高雄。
資源｜共創工作室、旅居換宿、社區營造計畫、講座與課程空間。
專長｜老屋空間活化。

邸 Tai Dang

讓一個個想在台東大展身手的想像，慢慢長大

創立於2015年，為東台灣創生基地的領頭羊，創辦目的在於解決返鄉與青年創業者的問題，協助想要融入台東的移居者長久紮根。除了有多功能的商業空間如講座、課程、展售、策展和共同工作空間可供租借，也致力於培育創業者，過去曾發起「大圈圈創業孵化器」計畫，從農創食農、文化創意、旅遊體驗和生活服務等各大類產業中，徵選創業團隊進行輔導與合作。目前不定期舉辦創業實戰營，如教大家如何寫商業企劃書、和政府或企業提案，也在臉書發布「創業五十道提問」等教學短影片，以多元方式讓在台東創業與久居成為可能。

地點｜台東市。
資源｜創業營隊、體驗課程、商業與共同工作空間。
專長｜輔導團隊實踐創業點子。

慢島生活 Island Time

你也有田園夢嗎？

由一群深溝小農和宜蘭的在地文創青年共同發起，讓那些懷抱田園夢的都市生活者，能實現鄉村歸農、貼近土地生活的夢想。他們提供農村體驗服務與食農教育課程，如從2021年起年年開辦的「慢島學堂」，分為水稻班和蔬菜班，召集嚮往農村生活卻不得其門而入的人們，密集學習友善種植、在田間實作、認識在地移居小農社群，並了解在農村創業與半農半X的可能性。藉著走進田地的時間裡、實際成為一位農夫，讓大家朝移居鄉村的願望更靠近一步。

地點｜宜蘭員山。

資源｜農村體驗服務、新農育成、共居生活空間。

專長｜從0開始培訓友善耕作小農。

政府資源補給站

地方創生青年培力工作站

為了打造移居或返鄉創業的支持系統，國發會每年補助建置全台各地約四十到六十個地方創生青年培力工作站，這些工作站的任務是開辦交流活動分享地方創生知識、輔導創生創業提案、提供創生事業諮詢與媒合在地閒置空間等，幫助大家開創屬於自己的地方創生事業。所以若對移居創業感興趣卻不知該從何下手，不妨查查看移居地附近是否有青年培力工作站，可向他們尋求協助。

地點—台灣各地

補助單位—國家發展委員會

蘭陽老屋新生命2.0

為了扶植有意願投入老屋活化與產業發展的地方人士，「蘭陽老屋新生命2.0」向大眾徵求老屋以提供補助。無論是家有老屋、想出租給經營者進駐，抑或是不只持有老屋、也希望自己以地方創生模式經營的人，都可以透過此計畫申請老屋整修經費，最高補助上限為一棟房屋八十萬元，賦予老屋新生命。

地點—宜蘭縣

申請時間—每年10月左右開放申請

壯圍十八島

走進小村，落實家的想像

由移居宜蘭壯圍的在地工作者所組成，以自立裝修的精神活化閒置老屋、串連在地社群與家庭、推廣土地教育，並推動以農為本的地方生活。他們舉辦的工作坊非常生活化，如從整治壁癌、空間彩繪到活用廢木料的自立裝潢課；學習用月桃、黃槿和蒲葵編織食器；實際採訪和記錄農村故事的田野調查等。也曾開辦地方創生事業諮詢，提供所有尚未著手、剛起步或想突破的創業者，與相關領域專家或顧問諮詢討論的機會。邀請大家一起擲出命運的十八骰仔，帶著孤注一擲的勇氣到壯圍落地生根。

地點｜宜蘭壯圍。
資源｜實作課程與工作坊、創業諮詢。
專長｜舉辦食衣住行樣樣兼顧的體驗工作坊。

受理機關─宜蘭縣政府建設處

以住代護 青創HOUSE

為了替原日本軍官宿舍的老眷村注入新活水，高雄市政府文化局從2014年起推出「以住代護」計畫，招募專業人才進駐眷舍，範圍包括鳳山黃埔新村及左營建業新村等場域。只要是餐飲、旅宿、設計師、建築師、專業技師、工藝家與文創相關產業業者即可提出空間經營構想並申請進駐，一坪租金為四百五十元，經營時間為五年。

地點─高雄市
申請時間─每年4、5月左右開放申請
受理機關─高雄市政府文化局

● 上述資訊整理於2024年5月，實際申請方案請以各縣市政府主管機關最新公告為準。

穀笠合作社

回到土地，從重新認識人與土地的關係開始，向下紮根

由一群熱愛農村的青年共同創立，2012年因參與礦泉水公司與農民爭用埔里農地的爭議影響，投身關注台灣農業後，他們成立穀笠合作社，致力搭建消費者和農民間的橋樑，更試圖成為年輕人接觸埔里農業的平台管道。常舉辦各類實作工作坊，如帶領大家調查地方知識、學習能記錄在地的影音技能，此外，也對外招募有興趣學習務農的年輕人，例如「援農實習生」、「水稻耕作農業接班人」，手把手地傳承友善耕作種植技術，更開辦關於埔里眉溪流域的踏查與展覽，以及導覽農村社區文化與插秧、收割等農事的體驗遊程。

地點｜南投埔里。

資源｜農村體驗、援農培訓、打工換宿、販售友善農產、聚落與流域議題的地方知識田野調查、策展與刊物出版。

專長｜串聯在地社群實踐「相放伴」互助精神，轉化紮實的農村文化田調經驗。

政府資源補給站

青年回鄉行動獎勵計畫

此計畫鼓勵對鄉村抱持嚮往的青年或返鄉者回到農村，並提出實際能解決或改善農村生活、環境、產業、教育及就業等問題的創意構想。分為十八至二十四歲的「洄游行動組」及二十四至四十五歲的「青年回留組」，計畫執行時程為一至三年，每年最高補助金額為八十萬元。

地點—台灣各地

申請時間—每年6～8月左右開放申請

受理機關—農業部農村發展及水土保持署

學習性青據點

此計畫期待捲動青年投入地方發展，因此補助在地深耕的青年團體成立「學習性青據點」，開辦課程培養青年投入地方事務、或是培育青年到據點蹲點實作以累積地方知識及行動經驗。有興趣成為青據點者可規劃「在地課程」或「蹲點實作」兩種計畫任一，最高補助金額為六十萬元。

地點—台灣各地

申請時間—每年12月～隔年2月左右開放申請

受理機關—教育部青年發展署

大王菜舖子

相信這塊土地，能養活一群人

由「大王」王福裕所建立的小農通路平台與自耕支持系統，自2008年開張，希望能培育人們下鄉、回歸自然與農田。除了販售自家田地與小農的有機農產外，大王菜舖子更舉辦一系列里山生活學校課程，教導大家從無到有自己建築永續家園，成為「自耕食X自造屋X自能源」的人。此外，也推行共享農耕與共享廚房，召集想自己種食物給自己吃的人，一起學習讓家園食物自足的自然農耕法、共同耕作，最後共享收成與共食。針對想體驗農村生活的孩子們，也開辦夏冬季生活營隊傳授野地木工、建造自然建築的技術等。

青年社區參與行動2.0 Changemaker計畫

為了讓關心社區、想深入地方經營的青年將想法與專長化為行動，此計畫補助大家根據「突顯在地特色，契合社區所需」的原則投入在地行動，分為尚無行動經驗的「Actor組」和已具備在地行動經驗超過3年的「Changemaker組」，計畫補助金額最高為三十萬。

地點—台灣各地

申請時間—每年2~4月左右開放申請

受理機關—教育部青年發展署

●上述資訊整理於2024年5月，實際申請方案請以各縣市政府主管機關最新公告為準。

地點｜花蓮壽豐。

資源｜永續生活設計課程與工作坊、自然生活冬夏令營、共耕共食、打工換宿。

專長｜培育自力造屋、自耕自食的人才。

生活篇

快速融入異地生活，從參加社群活動開始

文字整理—廖貽柔

圖片提供—豐田移創指導所、移居生活資材室、苑裡掀海風、洲尾。土也社區工作室、後壁俗女村、大小港邊 熱帶漁林、年年有鰆、村復號、練習曲、這裡好好生活所

人是群聚的動物，移居之路若只有自己一人單打獨鬥難免寂寞，但若身旁有一群人的陪伴、慢慢親近當地文化，那麼生活的輪廓將逐漸清晰，陌生的風景也會一日日變得熟悉。

本節介紹的十個團隊以三種面向幫助移居者建立新生活的節奏，第一種「尋找在地社群」，團隊使出渾身解術凝聚移居者的心，舉辦線上讀書會、線下圍爐聚，有熱鬧的市集也有辛勤的社區清潔，透過各式活動建立社群，讓移居者彼此靠近，也和在地人牽起連結；第二種「融入當地文化」，藉著推廣在地特色，舉凡歷史遺留的痕跡或環境與飲食文化，團隊增強大家對移居地的了解與認識，進一步培養認同感；第三種「大人小孩共好」，移居不只大人需要調適，孩子也需要適應，因此有些團隊開辦親子友善活動，讓大人小孩都能敞開心房接納新環境。

若想在移居地建立新家庭、養育新生命，各縣市政府也有提供相關補助，從孕前健康檢查、生育到育兒等各式津貼，讓全家一同在新家園成長茁壯。

豐田移創指導所

一起來豐田吹甜甜的風

日治時期的豐田村曾是日本人的官辦民營村，設有一座協助移民融入的移民指導所；「豐田移創指導所」正是繼承了移民指導所的精神，關心豐田返鄉與移居者的心理狀態，致力於拉近青年與村落的距離。例如2023年他們曾舉辦「百工花蓮の職業圖鑑：豐田移創指導所之市民大會」，連續三週邀請各行各業的花蓮村民來分享生存指南，舉凡台灣第一個取得蘆葦合法種植許可的人、環遊世界後決定移居花蓮開旅館的人、想要打造花蓮獨特品酪文化的人等等，藉著大聊「花式生活」的實踐，幫助移居者走出生存新手村。

地點｜花蓮豐田。
資源｜講座、駐村、村民大會、「有點熟游擊廣播電台／豐田站／ TOYOTA RADIO」podcast。

移居生活資材室

移居生活，很普通也很好玩

由三個在花東走跳的移居者QQ、佩佩、多多共同創立的「移居生活資材室」，透過舉辦各種有趣又日常的活動，跟大家分享東漂生活的點點滴滴，互助移居新生活。舉凡線下的「過年前的圍爐練習」，邀請移居者們一起預習回鄉過年時會被問到哪些問題；或線上的《小僧大掃除》讀書會，將掃除這件事與移居的心境連結。2024年春天開始則推出「普通的周末下午」，到花東朋友家的院子裡胡鬧，可以一起捏陶、聽音樂、擺市集、沖咖啡、走繩、遛狗、顧小孩。邀請大家踏出家門，走進朋友家，一起聊聊移居生活的酸甜苦辣。

地點｜花蓮台東。
資源｜工作坊、小聚、讀書會、社群網絡。

苑裡掀海風

海風拂面，探索苑裡的一百種可能

「苑裡掀海風」是在環境抗爭運動「苑裡反瘋車」告一段落後，由一群選擇留在當地、創造公共事務討論平台的人們所創立，並開了苑裡第一間獨立書店「掀冊店」作為連結在地人與外地人的據點。過去曾舉辦「共好苑景：苑裡青創之夜」系列講座作伙談創業與接班的各種酸苦甜，還有「共筆苑裡」活動帶參與者走進田野一同探查與書寫苑裡的地方記憶，更有神奇的「苑裡海岸發呆大賽」，邀請大家一起到海邊發呆等各式各樣的活動，總有一款適合想根留苑裡的你。

地點｜苗栗苑裡。
資源｜書店、刊物、選物、深度旅行、藺草推廣、課程。

後壁俗女村

進村做個快樂的俗女

作為熱門台劇《俗女養成記》的取景地點，台南後壁吸引了大量關注，而「後壁俗女村」則由一群想翻轉農村的返鄉青年組成，他們活化老屋吸引返鄉的創業者進駐，也辦理各式社區活動凝聚在地感情。如每個月一次的「菁寮社區清掃活動」，除了清潔村落之外，更能趁此機會交流許多社區老故事、增進世代居民間的感情；還有歲末的「感恩取暖小聚」，他們準備餐點、示範土灶料理、邀請天主堂神父表演並讓大家玩交換禮物，大聊屬於後壁菁寮的點點滴滴。

地點｜台南後壁菁寮里。
資源｜老屋活化、農村體驗、社區經營、創業輔導。

洲尾。土也社區工作室

洲美就是我的家

工作室最初關注洲美區段徵收的文史保存、社會參與及公民行動議題，後來開始組織親子共學團、辦地方市集、開設在地體驗課程等，凝聚所有洲美在地人與移居者的心。例如因為洲美一帶擁有基隆河和雙溪流域沖刷而成的良田，他們便舉辦「拾食共農樂學坊」，教導大家利用生活周遭資材、以友善土地的方式打造屬於自己的都市農園；也辦過多屆「洲美互助好市集」，不但請到地方青年和家長共煮在地料理，還邀請洲美居民跟洲美的好鄰居一起來擺攤同樂。

地點｜台北北投洲美社區。
資源｜共學團、市集、課程、各種不定時交流聚會。

大小港邊 熱帶漁林

吃魚之事，是所有人的事

「大小港邊 熱帶漁林」是個駐點在屏東中部的漁村青年團隊，名字本身呼應了他們行動的場域，致力於轉譯在地的漁業文化，推廣深度體驗遊程和食魚農教育。除了有辦給一般大眾的釣沙蟹、旗魚丸DIY等體驗行程外，他們也走入校園中，和屏東在地國小合作推廣正確的食魚概念，如認識當地重要的養殖魚類、介紹什麼是養殖漁業、教學生親手料理魚、帶他們親自到魚塭探查等，引動孩子們對在地文化的好奇心與理解。

地點｜屏東大鵬灣、小琉球、東港、林邊。
資源｜活動體驗、校園教育。

地點｜金門。
資源｜農漁產品與文創品選物、體驗行程、走讀、課程。

村復號

以在地靈感為起點的復興村落之旅

「村復號」的村復指的就是「村落復興」，由返鄉與移居金門的青年所創立，希望打造一個網羅金門地方風土的好物平台，並設計體驗行程，讓大家看見不同於觀光形象的金門。例如曾辦過「軍管時代下的生意經」小旅行，帶大家深入軍民與市井生活交織下的後浦老城，走進藥房、理髮廳與那些曾被軍方占用的場所。過去曾和浯作工作室合作舉辦「村復小客廳」課程，邀請金門在地創生的先行者分享實戰經驗。

年年有鰆

吃得好、活得好，在海島過著心有魚力的日子

「年年有鰆」主打澎湖的食魚教育，希望透過深入推廣「吃魚」這件事，來拉近人與海洋的距離。他們規劃體驗活動推廣食魚文化，如魚市場導覽，教大家以永續海鮮的原則挑選鮮魚；或是敲魚乾體驗，學會怎麼親手做最在地的澎湖傳統零嘴。此外，還發行兩本《小鰆誌：澎湖生活攻略指南》，書寫小島生活的點滴、並介紹不同類型的移住資源，陪伴移居者從小魚成長為大魚，在澎湖的地界悠遊。

地點｜澎湖。
資源｜活動體驗、課程、刊物。

這裡好好生活所

大武山下是我家，在孩子心中種下對土地的愛

地點｜屏東萬巒。
資源｜體驗活動、在地商品開發、產業創新輔導與創業陪跑。

落腳於屏東大武山下，由一群屏東返鄉青年及移居者共同組成，希望在串接起多元族群的185縣道上，攜手青年們一起打造好好生活的家鄉。透過一月一聚的活動，串起在地業者間的合作，陪伴返鄉的青年一起找夥伴、找方向、找資源。並舉辦各項在地特色體驗，讓大家可以認識「大武山下生活圈」的文化與產業，並重視親子同行的規劃，例如全家大小可以一起參加的大武山腳踏車騎行活動，一起認識屏東農產生長環境、拜訪友善耕作的農友，期待孩子從小開始，認識自己的家鄉、認同家鄉的文化，領略屏東萬巒的魅力。

練習曲

在只借不賣的書店，一起練習安居樂業

位於花蓮新城，最初為2015年花蓮新城國小的胡文偉教練組織起校內解散了十年的棒球隊，而後他發現孩子需要的除了運動訓練外，其實還有家庭教育所缺失的課業輔導及生活支持。於是，兩年後「練習曲書店」成立，店內書籍由村民們捐贈、只借不賣，書店則成為棒球隊學生放學後吃飯與寫作業的去處。

除了書店開始招募換宿店長外，還翻新日式木造老屋為「豆花兒」豆花店，一方面增加在地的就業機會，一方面也支持球隊和課輔運作。去年更翻修荒廢多年的幼兒園為「新晨共學基地」，舉辦各式親子友善活動以回應社區需求，如2024年的寒假營隊「尋找吧！我的新晨冒險魂」與鄰近部落合作，教導國小學童唱族語歌、學習做短笛、採野菜並體驗弓箭等，認識當地太魯閣族的文化。

地點｜花蓮新城、秀林。
資源｜共學空間、課輔、營隊、課程、市集、小農合作、選物。

我們，為什麼移居他方？
自建家屋、鄉間育兒、老屋創業、滋養創作生命、與自然山林為伍等17則移居先行者的故事

文　字　孫維利、聽聽、王巧惠、方智弘、謝欣珈、曾怡陵、李盈瑩、詹芯佩、吳宣萱、李怡欣、Fion Tsao、陳盈盈、小海、江慧儀、歐陽夢芝
攝　影　Jimmy Yang、李忠勳、邱家驊、陳建豪、Evan Lin、Kris Kang、陳星州、林靜怡、陳志華、李維尼

編　製　裏路編輯部
主　編　董淨瑋
責任編輯　黃阡卉、廖貽柔
封面設計　傅文豪
封面插畫　傅文豪
內頁設計　Debbie Huang
內頁插畫　傅文豪、Jojo Chiu

出　版　裏路文化有限公司
發　行　遠足文化事業股份有限公司（讀書共和國出版集團）
地　址　新北市新店區民權路108-3號8樓
電　話　02-2218-1417
傳　真　02-2218-8057
Email　service@bookrep.com.tw
客服專線　0800-221-029

法律顧問　華洋法律事務所　蘇文生律師
印　刷　凱林彩印股份有限公司
初　版　2024年5月
定　價　520元

國家圖書館出版品預行編目（CIP）資料

我們，為什麼移居他方？：自建家屋、鄉間育兒、老屋創業、滋養創作生命、與自然山林為伍等17則移居先行者的故事／裏路編輯部編製. -- 初版. -- 新北市：裏路文化有限公司出版：遠足文化事業股份有限公司發行，2024.05

面；　公分
ISBN 978-626-98527-0-3（平裝）
1.CST: 簡化生活 2.CST: 生活美學

192.5　　113004620